Buchners
Lektürebegleiter
Deutsch

FABIO GEDA

Im Meer schwimmen Krokodile

Bearbeitet von Stephan Gora

Buchners **Lektürebegleiter** Deutsch

Arbeitsheft 13

Fabio Geda: „Im Meer schwimmen Krokodile"
Bearbeitet von Stephan Gora

Weitere Lektürebegleiter:
Cornelia Funke: Tintenherz (4281)
Othmar Lang: Hungerweg (4282)
Otfried Preußler: Krabat (4283)
Dietlof Reiche: Der Bleisiegelfälscher (4284)
Kirsten Boie: Die Medlevinger (4285)
Sid Fleischman: Das Geheimnis im 13. Stock (4286)
Antoine de Saint-Exupéry: Der Kleine Prinz (4287)
Eoin Colfer: Artemis Fowl (4288)
Markus Zusak: Die Bücherdiebin (4289)
Lutz Hübner: Das Herz eines Boxers (4290)
Mirjam Pressler: Nathan und seine Kinder (4291)
Peer Martin: Sommer unter schwarzen Flügeln (4292)

Die Seitenangaben beziehen sich in dieser Reihenfolge auf die beiden Ausgaben:
Fabio Geda: Im Meer schwimmen Krokodile. Übersetzt von Christiane Burkhardt, btb Verlag, München, 14. Auflage 2012
Fabio Geda: Im Meer schwimmen Krokodile. Eine wahre Geschichte. Übersetzt von Christiane Burkhardt, © Ernst Klett Sprachen GmbH, Stuttgart 2016

2. Auflage, 1. Druck 2023
Alle Drucke dieser Auflage sind, weil untereinander unverändert, nebeneinander benutzbar.

Dieses Werk folgt der reformierten Rechtschreibung und Zeichensetzung. Ausnahmen bilden Texte, bei denen künstlerische, philologische oder lizenzrechtliche Gründe einer Änderung entgegenstehen.

Redaktion: Jutta Förtsch
Layout und Satz: mgo360 GmbH & Co. KG, Bamberg
Illustrationen: Anna Reichel
Druck und Bindung: Brüder Glöckler GmbH, Wöllersdorf

www.ccbuchner.de

ISBN 978-3-7661-4293-1

Inhaltsverzeichnis

Zur Einstimmung und zur ersten Orientierung

Liebe(r) ....!

Afghanistan ist fast 5000 Kilometer von uns entfernt – Luftlinie! In Wirklichkeit ist der Weg des Enaiatollah Akbari aus seiner Heimat über Pakistan, den Iran, die Türkei und Griechenland nach Italien deutlich weiter – und beschwerlicher. Ein modernes Verkehrsflugzeug bräuchte von Kabul bis nach Frankfurt – je nach Fluglinie und Zwischenstopps – 11 bis 15 Stunden. Enaiat brauchte für seine Flucht aus seiner Heimat ins sichere Exil fünf Jahre – und bis zu seiner endgültigen Anerkennung als Asylant etwa so lange, wie du bereits in die Schule gehst. Von all den Problemen, die ihm auf seinem Weg begegneten, waren „Krokodile" das geringste.

Als sich der italienische Autor Fabio Geda (geb. 1972) von Enaiat dessen „wahre Geschichte" erzählen ließ und diese 2010 unter dem Titel „Nel mare ci sono i coccodrilli" veröffentlichte, ahnte in Deutschland noch niemand, wie viele Menschen aus dem Mittleren und Nahen Osten über die Türkei und über das Mittelmeer nach Europa kommen würden, um hier Asyl zu beantragen. Und niemand ahnte, wie viele Menschen auf ihrer Flucht im Mittelmeer ertrinken oder auf andere Weise umkommen würden. Und kaum jemand konnte sich vorstellen, was viele Flüchtlinge in ihrer Heimat und auf der Flucht mitmachen – und leider immer noch erleiden müssen. Stellvertretend für Millionen Verfolgte erzählt Enaiat seine Geschichte.

Dieser Lektürebegleiter zu „Im Meer schwimmen Krokodile" will Hintergründe aufzeigen und dir beim Lesen Hilfestellungen geben. Du lernst, wie sich der Inhalt erfassen lässt, wie man einzelne Figuren charakterisiert und wie man Zitate interpretiert. Vor allem wirst du durch die Beschäftigung mit wichtigen Schlüsselszenen des Textes angeregt, dich in Enaiats Situation hineinzuversetzen, und durch Denkanstöße, dir eine eigene Meinung zu bilden.

Zuvor kannst du hier testen, ob du dir Enaiats Flucht in etwa vorstellen kannst.

Kreuze an, welche Aussagen deiner Meinung nach zutreffen:

- O Es gibt Staaten, in denen Schulen geschlossen und Lehrer vor den Augen ihrer Schüler erschossen werden.
- O Es gibt Mütter, die Zehnjährige schutzlos ihrem Schicksal überlassen, um deren Leben zu retten.
- O Selbst in unserer modernen Welt gibt es noch Formen der Sklaverei.
- O Es gibt Polizisten, die Wehrlose ausrauben, misshandeln oder willkürlich erschießen.
- O In der Türkei gibt es Berge, auf denen Menschen erfrieren können.
- O Schlepper, die ihre eigenen Landsleute und Glaubensbrüder ausbeuten, gibt es wirklich.
- O In allen Ländern gibt es Menschen, die selbstlos Flüchtlinge unterstützen und sich dabei selbst in Gefahr bringen.
- O Im Mittelmeer gibt es Krokodile.

Ob du deine Kreuze richtig gesetzt hast, kannst du nach der Lektüre überprüfen. Manches, was du liest, ist unvorstellbar, aber nach der Lektüre wirst du vieles besser verstehen.

Einen vorurteilsfreien Blick auf Menschen, die aus Angst auf der Flucht ihr Leben riskieren,

wünscht dir

Stephan Gora

1. Afghanistan (S. 7–28 / 7–23)

a) Leseprotokoll und Lesetagebuch

So wie wir in einem Tagebuch festhalten, was wir erlebt haben, so können wir auch bei der Lektüre von Fabio Gedas Jugendbuch unsere persönlichen Gedanken und Gefühle aufschreiben. Das **Lesetagebuch** gibt dazu einige Anregungen: Es gliedert die Lektüre in sinnvolle Abschnitte, es schärft unsere Aufmerksamkeit für Wesentliches, es lässt umgekehrt aber auch Raum für eigene Gedanken.

Dabei sind zwei unterschiedliche Formatierungen zu beachten: Die **Aufgabenstellungen zum Leseprotokoll** sind auf jeden Fall zu bearbeiten, weil sie für das Verständnis der Handlung wichtig sind. Hier geht es – von Afghanistan bis nach Italien – in jedem der sechs Kapitel darum, **den Inhalt** einzelner Erzählabschnitte **knapp zusammenzufassen**. Eine solche Zusammenfassung besteht in der Regel aus einem längeren Satz. In Ausnahmefällen können es auch einmal zwei Sätze sein. Die **Leitfragen** helfen dir dabei, dich auf das Wesentliche zu konzentrieren.

Die ***kursiv gedruckten Anregungen*** zum Lesetagebuch dagegen sind ***wahlweise*** zu bearbeiten: Du kreuzt die Anregung an, die dich am meisten zum Nachdenken und Schreiben reizt. Dabei geht es weniger um die Handlung als um deine eigenen Gedanken und Gefühle bei der Lektüre. Dafür ist etwas mehr Platz vorgesehen.

Auf jeden Fall solltest du deine Gedanken begründen, erläutern oder veranschaulichen, damit nachvollziehbar wird, was du genau meinst. Formuliere so, dass du deine Gedanken vorlesen könntest.

Es empfiehlt sich, nach jedem Kapitel Protokoll zu führen und einen Lesetagebuch-Eintrag zu bearbeiten. Die vorgegebenen Zeilen signalisieren, wie viel du in etwa dazu schreiben solltest. Da die Gedanken aber frei sind, kann es auch etwas weniger sein. Fällt dir mehr ein, dann schreib einfach in deinem Heft weiter.

der Koh-e Baba, Gebirgskette in Zentral- Afghanistan

Flusstal des Tagab in der Provinz Kapisa in Afghanistan

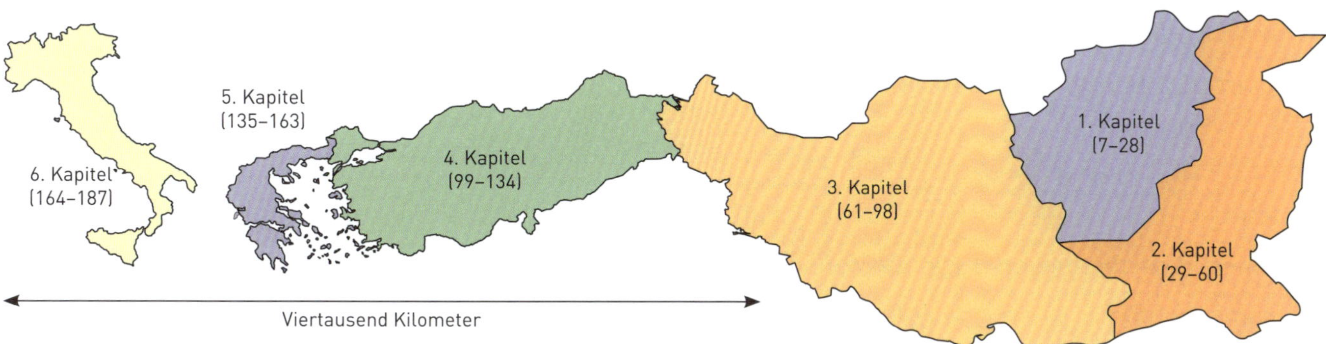

Enaiats Flucht: sechs Länder – sechs Kapitel

A 1 Nenne die drei Regeln, die Enaiat für seinen (Lebens-)Weg mitbekommt. Und füge jeweils das Wesentliche aus der Erklärung der Mutter hinzu. Warum soll das jeweilige „Gebot“ für den Sohn so wichtig sein?

1. Regel:

2. Regel:

3. Regel:

A 2 Nenne wesentliche Gründe für Enaiats Flucht aus Afghanistan.

A 3 Analysiere die beiden Dialoge auf S. 23 / 19 und S. 27 / 22 f. Worüber sprechen der Autor Fabio Geda und Enaiat? Wie sprechen sie miteinander? Lässt sich aus ihrem Gespräch auf ihre Beziehung schließen?

A 4 Kläre den Begriff „Hazara“. Wie beschreibt sich Enaiat als Hazara? Wie werden Hazara in Afghanistan behandelt?

A 5 Fasse knapp zusammen: Wie ist Enaiats Flucht organisiert und wie verläuft sie?

A 6 Entscheide dich nun für eine der folgenden Anregungen und lasse dich etwas ausführlicher in deinem Lesetagebuch darüber aus.

- ○ *Welche Lebensregeln würdest du deinem eigenen Kind vermitteln wollen? Formuliere Regeln, die du in unserer Welt für sinnvoll hältst.*
- ○ *Du wachst auf, du bist von deinen Eltern verlassen und plötzlich musst du dein Leben selbst in die Hand nehmen. Kannst du dir dieses Gefühl vorstellen? Formuliere in einem inneren Monolog, was dir dabei durch den Kopf gehen würde.*
- ○ *Versetze dich in Enaiats Mutter hinein. Was könnte sie bewogen haben, ihr Kind zu verlassen?*
- ○ *„Das Leben ohne Schule ist grau und langweilig wie Asche." (S. 26 / 22) Teilst du dieses Urteil? Wie wäre dein Alltag ohne Schule? Formuliere hierzu deine eigene Meinung.*

b) Denkimpuls „Gewaltfreie Argumentation"

„Der Taliban kam mit einem Gewehr ins Klassenzimmer und verkündete mit lauter Stimme, dass die Schule geschlossen würde. [...] Dann verschwand er ohne ein weiteres Wort und stieg wieder auf sein Motorrad." (S. 24 f. / 20)

Argumentation: Wer andere von seiner Meinung überzeugen möchte, muss argumentieren, also seinen Standpunkt offenlegen und Gründe oder Beweise dafür anführen. Für eine faire Argumentation, die von beiden Seiten akzeptiert werden kann, gelten u. a. folgende Regeln:

1. Die Gesprächspartner sind gleichberechtigt. Niemand darf sich über den anderen stellen, also etwa befehlen, drohen oder Gewalt anwenden.
2. Geltungsansprüche (Thesen) wie Forderungen, Wertungen oder Vorwürfe können nur akzeptiert werden, wenn sie begründet und durch Beispiele oder Erläuterungen gestützt werden.
3. Wer argumentativ widerlegt ist, muss seinen Geltungsanspruch zurücknehmen und die Meinung der Gegenseite akzeptieren, wenn diese überzeugende Argumente vorträgt.
4. Wer willkürlich (also ohne moralische Begründung oder ohne Zustimmung des Betroffenen) handelt, verletzt die Freiheit, die Würde und die Rechte des anderen.
5. Wer Recht hat, steht nicht von vornherein fest, sondern kann nur Ergebnis einer Debatte oder einer Diskussion sein. Kein Mensch darf für sich beanspruchen, absolut Recht zu haben. Immer muss auch die Gegenseite zu Wort kommen dürfen.
6. Die Meinung einer Autoritätsperson ist für sich kein ausreichender Grund, entscheidend ist das sachliche Argument.
7. Glaubensinhalte sind keine Argumente – zumindest nicht für Andersgläubige. Selbst der „Wille Gottes" wäre argumentativ nicht beweisbar. Glaubensinhalte können allerdings missbraucht werden, wenn sachliche Argumente fehlen. Ob etwas gut oder böse ist, hängt nicht von der Religionszugehörigkeit, sondern von der persönlichen Absicht, dem konkreten Verhalten und von seinen Folgen ab.

A 1 Überprüfe mit deinem Sitznachbarn die oben genannten Regeln und klärt, was ihr nicht verstanden habt. Ergänzt Regeln, die ihr aus eurer Erfahrung heraus für erforderlich haltet.

A 2 Analysiert nun die beiden Gespräche zwischen Taliban und Lehrer (S. 24 f. / 20 f.). Arbeitet aus Enaiats Schilderung heraus, wodurch gegen anerkannte Argumentationsregeln verstoßen wird.

Begriffe zum Weiterdenken: Argument – Befehl und Gehorsam – Debatte – Demokratie – Diktatur – Diskussion – Entscheidung – Fanatismus – Glauben – Glaubwürdigkeit – Gleichberechtigung – Kompromiss – Konflikt – Meinungsfreiheit – Parlament – Politik – Rechthaberei – Rhetorik – Rede und Gegenrede – Religion – These – Toleranz – Überredung / Überzeugung – Wahrhaftigkeit – Weltanschauung – Wissen – Zivilcourage – Zuhören

c) Das Land der Afghanen unter dem Hindukusch

Die sechs Kapitel von Enaiats Flucht beginnen in seinem Heimatland Afghanistan, in dem er 1989 geboren wurde, und enden, nach Stationen in Pakistan, Iran, der Türkei und Griechenland in Italien, wo er schließlich durch Zufall landet. Daher folgt auf Lesetagebuch und Denkanstoß zu jeder Station eine Landeskunde, in der du dich knapp über die Verhältnisse informieren kannst, die Enaiat angetroffen hat. Darüber hinaus findest du Anregungen, um selbstständig zu interessanten Fragen und zur aktuellen Situation in den Ländern zu recherchieren. Am Ende kannst du dir durch den Vergleich von Landeskunde, Enaiats Bericht über diese Länder und deinem eigenen Heimatland ein Urteil über die Lebensverhältnisse in diesen Ländern bilden. Wir starten in Afghanistan.

Afghanistan ist von seiner Fläche zwar fast doppelt so groß wie Deutschland, hat aber mit etwa 50 Einwohnern pro Quadratkilometer eine deutlich niedrigere Bevölkerungsdichte (in D: etwa vier mal so hoch). 80 Prozent der Bevölkerung lebt auf dem Land. Drei Viertel des Landes liegen in schwer zugänglichen Bergregionen. Der Volksstamm der Paschtunen macht fast die Hälfte der Bevölkerung aus, die Tadschiken etwa ein Viertel; Hazara wie Enaiat (mongolischer Abstammung, meist schiitisch und persischsprachig) machen weniger als ein Zehntel aus; als ethnische und religiöse Minderheit werden sie verfolgt. Aus diesen und anderen Gründen sind seit 1980 insgesamt etwa sechs Millionen Afghanen nach Pakistan und in den Iran geflohen. Nach dem HDI-Wohlstandsindikator (vgl. S. 15) hat Afghanistan von allen sechs Ländern den niedrigsten Wohlstand.
Die Hauptstadt der islamischen Republik ist **Kabul**. Nachdem islamische Widerstandskämpfer (Mudschaheddin) die sowjetischen Besatzungstruppen und die von der Sowjetunion gestützte Regierung vertrieben hatten, kamen 1996 fundamentalistische Taliban-Milizen an die Macht und setzten die Scharia (das religiöse islamische Recht, das auf dem Koran basiert) mit aller Härte durch. Nach den Terroranschlägen am 11. September 2001 wurde das Taliban-Regime zwar gestürzt und eine gemäßigte islamische Regierung gewählt, die von vielen westlichen Nationen, darunter auch Deutschland, beim Aufbau von Polizei und Militär unterstützt wird. Dennoch ist Afghanistan nicht befriedet und nach wie vor von Terror und Bürgerkrieg bedroht.

A Nun ist es an dir, etwas mehr über dieses trotz seiner bedrückenden Verhältnisse faszinierende Land zu erfahren. Beantworte(t) wahlweise in Stichworten eine *oder* arbeitsteilig auf einem Lernplakat alle drei Fragen.

- O Was kannst du über Nawa, Enaiats Heimatstadt, in Erfahrung bringen?
- O Wie lang sind die Grenzen zu Pakistan und zum Iran?
- O Welche Rolle spielen die Paschtunen, was wird den Taliban-Milizen vorgeworfen?
- O Erkläre die Begriffe „Scharia“ und „Dschihad“ genauer.
- O Nenne nachvollziehbare Gründe, warum Hazara häufig aus Afghanistan fliehen.
- O Welche Schulbildung ist für Mädchen und Jungen vorgesehen?
- O Welche Sprachen werden in Afghanistan gesprochen? Was für eine Sprache ist „Darí“?
- O Wie sicher ist das Leben in Afghanistan heute? Werden die Menschenrechte respektiert?

d) Eine Schlüsselszene in Afghanistan: die Erschießung des Lehrers

Enaiat muss in seinem Heimatland die Erschießung seines Lehrers mitansehen:

„Die Taliban trieben alle aus der Schule […]. Sie befahlen uns, uns im Hof im Kreis aufzustellen. […] Dann zwangen sie den Rektor und unseren Lehrer, in die Kreismitte zu kommen. Der Rektor umklammerte den Stoff seiner Jacke, als wollte er ihn zerreißen. Er weinte, wandte sich nach rechts und nach links, als suchte er etwas, das er nicht finden konnte. Der Lehrer dagegen war schweigsam wie immer. Seine Arme hingen seitlich herab, seine Augen waren geöffnet. Aber sein Blick war nach innen gerichtet. Er hatte schöne Augen, denen kaum etwas entging. Auf Wiedersehen, meine lieben Jungen, hat er gesagt. Dann haben sie ihn erschossen. Vor aller Augen." (S. 26 / 22)

A 1 Was denkst und/oder fühlst du, wenn du diese Textstelle liest?
Formuliere deine Gedanken, Gefühle oder auch Fragen in den Sprechblasen. Tausche dich davon ausgehend in deiner Lerngruppe darüber aus.

A 2 Enaiats Erlebnis nennt man in der Psychologie ein Trauma. Sicher hast du diesen Begriff schon einmal gehört. Erkläre ihn mit deinen Worten. Kannst du ihn nicht definieren, recherchiere eine Definition und notiere auf den Zeilen fünf Stichpunkte, mit denen du Trauma erklären kannst.

A 3 Was Enaiat erlebt, erleben so oder so ähnlich viele Menschen, die auf der Flucht sind. Aber auch andere Umstände können Traumata auslösen. Egal, was die Ursache ist, es ist wichtig, nach einer solchen Situation Hilfe zu bekommen. Sammle Möglichkeiten, die es in Deutschland, in deiner Stadt, an deiner Schule gibt, um ein Trauma zu bewältigen.

2. Pakistan (S. 29–60 / 24–77)

a) Leseprotokoll und Lesetagebuch

A 1 Fasse knapp zusammen: Warum befürchtet Enaiat ausgenutzt zu werden? Wie lassen sich seine Arbeit und die entsprechende Entlohnung bei Onkel Rahim beurteilen?

A 2 Analysiere den Dialog auf S. 37 / 29 f. Worüber sprechen Fabio Geda und Enaiat? Erschließe aus dem Zusammenhang dieses Kapitels, inwieweit sich der Autor in Enaiat hineinversetzen kann.

A 3 Erläutere, ob und wenn ja wie sich Enaiats „berufliche“ Situation durch den Wechsel von Onkel Rahim zu Sahib, dem Besitzer des Schuhladens, ändert.

A 4 Beschreibe, welche Erfahrungen Enaiat auf dem Liaquat Basar macht.

A 5 Erläutere, wie sich die Freundschaft mit Sufi und den anderen Hazara gestaltet und entwickelt.

A 6 Welche Erlebnisse veranlassen Enaiat in den Iran zu flüchten? Erkläre, was er sich davon verspricht.

A 7 Entscheide dich nun für eine der folgenden Anregungen und lasse dich etwas ausführlicher in deinem Lesetagebuch darüber aus.

- ○ *In meinem Traum lief ich durch die Wüste.* (S. 31 / 25) *Kannst du Enaiats Traum nachvollziehen? Deute seinen Traum.*
- ○ *„Ich war klein, sehr klein, so klein wie ein Holzlöffelchen. Man konnte mich umpusten wie nichts, und schon hätte man mich beraubt oder übervorteilt."* (S. 41 / 33) *Kannst du Enaiats Selbsteinschätzung nachempfinden? Erzähle, wie du einmal ähnliche Befürchtungen hattest.*
- ○ *Was empfindet Enaiat, als ihm der bärtige Fundamentalist die Suppe ausleert? Laut darf Enaiat seine Meinung nicht sagen. Schreibe daher einen inneren Monolog.*
- ○ *Erörtere, ob du dich, um illegal in ein anderes Land zu kommen, einem Schlepper anvertrauen würdest.*

b) Denkimpuls „Ausbeutung bis zur Erschöpfung"

*„**Khasta kofta** bedeutet ‚müde wie ein Fleischkloß', [...] Genauso fühlte ich mich: als hielte mich ein Riese in der Hand, um mich zu einem Fleischkloß zu verarbeiten. Ich hatte Kopfschmerzen, meine Arme taten weh und auch eine Stelle, die ich nur schlecht benennen kann, zwischen Lunge und Magen. [...] Als ich mich abends schlafen legte, war ich mehr als ein khasta kofta: Ich war nur noch Hühnerfutter." (S. 29 u. 32 / 24 u. 26)*

A 1 Lies nach, wie es Enaiat anfangs in Pakistan ergeht, und liste in Stichworten auf, welche Arbeiten er erledigen muss und was ihm dabei die Arbeit erschwert.

„Und wenn ich etwas unbedingt vermeiden wollte (außer zu sterben natürlich), dann, ausgenutzt zu werden, egal, auf welche Weise." (S. 30 / 24)

A 2 Kennst du das Gefühl, ausgenutzt zu werden? Ist das schon Ausbeutung? Lies dazu die folgende Definition durch und unterstreiche das Wesentliche. Entscheide dann, ob der Begriff *„Ausbeutung"* auf Enaiats Arbeit bei Onkel Rahim zutrifft.

Ausbeutung: das Ausnutzen und Übervorteilen von Arbeitskräften – meist durch rücksichtslose Ausnutzung einer Zwangslage –, wenn die Entlohnung in einem auffälligen Missverhältnis zu der Bezahlung oder zu anderen Leistungen steht.

Bei ihrer Analyse der Industriellen Revolution prangerten Karl Marx und Friedrich Engels die Ausbeutung der Arbeiterklasse im Kapitalismus an: Die Arbeitgeber, die über Kapital verfügen (= Kapitalisten), eignen sich einen unverhältnismäßig großen Teil des erwirtschafteten Gewinns an, indem sie den Profit zu ihrem Eigentum machen. Dadurch werden die „Kapitalisten" immer reicher, während die „Proletarier" deutlich weniger Lohn erhalten, als sie eigentlich verdient hätten. Gegen ihre „Verelendung" können sich die Ausgebeuteten kaum wehren, da sie bei einem Streik befürchten müssen, durch Arbeitslose ersetzt und entlassen zu werden – so die Theorie des Marxismus zur Ausbeutung im engeren Sinn.

Wer heute als Migrant ausbeuterisch unterbezahlt wird, kann sich dagegen ebenfalls oft nicht wehren, weil ihm ohne Aufenthalts- oder Arbeitserlaubnis Entlassung, Abschiebung oder Strafe wegen Schwarzarbeit drohen. Sklaverei, Leibeigenschaft, Kolonialismus, aber auch Kinderarbeit oder Prostitution werden in einem weiteren Sinn als Ausbeutung bezeichnet.

„Ich kann dich nicht bezahlen, wenn du für mich arbeitest, zumindest nicht mit Geld. ***Ihr seid einfach zu viele und ich kann nicht allen Arbeit geben.*** *[...] Wenn du willst, darfst du hierbleiben, gegen Kost und Logis – so lange, bis du Arbeit gefunden hast, mit der du Geld verdienst. Aber bis es soweit ist, musst du für mich arbeiten, und zwar gleich nach dem Aufstehen bis zum Schlafengehen. Egal, was ich von dir verlange. Verstanden?" (S. 31 f. / 26)*

A 3 Beurteile die Rechtfertigung von Onkel Rahim. Stehen Kost und Logis (Verpflegung) in einem angemessenen Verhältnis zur bedingungslosen Arbeit, die er Enaiat abverlangt? Was hindert ihn daran, Enaiat mehr zu geben? Wie lebt er selbst? Formuliere an Enaiats Stelle eine treffendere Antwort als „Mögest du so lange leben wie die Bäume, Onkel Rahim." *(S. 32 / 26)*

„Aber wenn du für mich arbeitest, gebe ich dir Geld. Ich kaufe dir die Ware, du verkaufst sie, und anschließend teilen wir uns das Geld. Wenn du zwanzig Rupien verdienst, bekomme ich fünfzehn und du fünf. Die gehören dann ausschließlich dir." (S. 40 / 32)

A 4 Später wechselt Enaiat von Rahim zu Sahib, dem Sandalenhändler. Beurteile dieses Arbeitsverhältnis. Wird Enaiat nun fairer bezahlt?

A 5 In Deutschland und anderen europäischen Ländern ist ein Mindestlohn für eine Arbeitsstunde gesetzlich festgelegt. Versuche einmal, unabhängig von einer konkreten Summe oder Währung, festzulegen, wie hoch der Mindestlohn in jedem Land der Welt und für jeden Menschen, der arbeitet, sein sollte. Kreuze entsprechend an! Diskutiert eure unterschiedlichen Meinungen.

- O Eine trockene und warme Unterkunft sollte mit dem Mindestlohn finanzierbar sein.
- O Man sollte sich ausreichend und gesund dafür ernähren können.
- O Das Geld sollte auch für Schuhe, Kleidung und Hygiene ausreichen.
- O Man sollte sich Bücher, Zeitungen, Radio oder Fernsehen davon leisten können.
- O Ein Internetanschluss oder ein Smartphone sollte sich dadurch finanzieren lassen.
- O Es sollte auch möglich sein, einem Hobby nachzugehen, das etwas Geld kostet.
- O Man sollte mit dem Geld auch eine Aus- oder Weiterbildung finanzieren können.
- O Es sollte ausreichen, um etwas für die Zukunft oder für einen Urlaub sparen zu können.

c) Die erste islamische Republik der Welt – nicht nur mit atomarer Sprengkraft

Pakistan ist eines der bevölkerungsreichsten Länder dieser Erde mit mehr als doppelt so vielen Einwohnern wie in Deutschland, aber ähnlicher Bevölkerungsdichte. Im Norden des Landes liegen unwirtliche Gebirgszüge mit fünf Achttausendern. Die Landflucht führte zu Elendsvierteln und Massenarbeitslosigkeit in den Städten. Trotz geringer Industrialisierung und sozialen Elends konnte Pakistan Atomwaffen bauen.

Die Sprachen Urdu und Englisch werden am häufigsten gesprochen, aber die etwa 50 Sprachen zeugen von der ethnischen Vielfalt Pakistans. Mehr als 95 Prozent der Bevölkerung bekennen sich zum Islam, die meisten davon als Sunniten. Zwischen den Volksgruppen und religiösen Richtungen herrscht ein Klima der Intoleranz mit Gewalt und Terror. Auch Taliban-Milizen aus Afghanistan, die Pakistan als Rückzugsgebiet nutzen, haben zur Radikalisierung beigetragen.

Pakistan entstand 1947 als Abspaltung von Indien. 1956 erklärte sich der unabhängige Staat zur ersten islamischen Republik der Welt; **Islamabad** wurde erst später zur Landeshauptstadt ausgebaut. Eine vorsichtige Demokratisierung unter Benazir Bhutto und Nawaz Sharif wurde 1999, als Enaiat nach Pakistan kam, durch eine Militärdiktatur beendet.

Der **Human Development Index (HDI)** zeigt an, wie gut es den Menschen in ihren Staaten jeweils geht. Er zeigt nicht nur den wirtschaftlichen Wohlstand wie das Pro-Kopf-Einkommen an, sondern auch „menschliche Entwicklung" durch Faktoren wie Schulwesen, Ausbildungsmöglichkeiten und Lebenserwartung. Diese unterschiedlichen „Indikatoren" werden miteinander verrechnet und ermöglichen somit einen sinnvollen Vergleich. Der nur theoretisch erreichbare Index 1,0 entspricht dem optimalen Entwicklungsstand. Staaten mit sehr hoher Entwicklung wie Norwegen oder Deutschland erreichen Werte, die höher sind als 0,9. Länder mit geringer Entwicklung erreichen nur Werte von 0,3...(plus x). Bei den Index-Zahlen, die jährlich von der UNO veröffentlicht werden, handelt es sich allerdings nur um Durchschnittswerte: Bei ungerechter Vermögensverteilung haben die Wohlhabenden in den Ländern bessere Lebenschancen, während es den Armen deutlich schlechter geht.

A 1 Recherchiere die aktuellen HDI-Werte für die Länder, die Enaiat kennengelernt hat. Trage die Werte in das folgende Wohlstandsgefälle ein.

An 1. Stelle steht ____________________ mit dem HDI-Index __________.
An 2. Stelle steht ____________________ mit dem HDI-Index __________.
An 3. Stelle steht ____________________ mit dem HDI-Index __________.
An 4. Stelle steht ____________________ mit dem HDI-Index __________.
An 5. Stelle steht ____________________ mit dem HDI-Index __________.
An 6. Stelle steht ____________________ mit dem HDI-Index __________.

A 2 Beantworte(t) wahlweise in Stichworten eine *oder* arbeitsteilig auf einem Lernplakat alle drei Fragen.

- O Enaiat leistet in Quetta Kinderarbeit. Prüfe, ob diese in Pakistan heute noch verbreitet ist.
- O Welche Bevölkerungsgruppen leiden besonders unter der religiösen Intoleranz?
- O Wie ist die aktuelle Sicherheitslage in Quetta, Enaiats erstem Aufenthaltsort in Pakistan?

d) Eine Schlüsselszene in Pakistan: die Suppe des Inders

„[...] doch ich hatte bereits davon gekostet, und es schmeckte wirklich hervorragend. So lecker, dass es einfach keine Sünde sein konnte. Daher sagte ich: Mir schmeckt's. Warum darf ich es nicht essen? [...] Wie dem auch sei, er [ein fundamentalistischer Wahabit] nahm mir meinen Teller weg und drehte ihn um. Dabei hatte ich die Suppe bezahlt, es war meine Suppe! Aber mir blieb nichts anderes übrig, als zuzusehen, wie die Suppe im Boden versickerte und eine Katze die Hülsenfrüchte fraß." (S. 52 / 41)

A Das Bild veranschaulicht diesen Moment, den Enaiat im ersten Fluchtland Pakistan erlebt. In der Textstelle im Buch beschreibt Enaiat recht sachlich und nüchtern, wie er diesen Moment erlebt. Versetze dich in Enaiats Situation: Schreibe einen kurzen Tagebucheintrag (ca. 150 Wörter) in dein Heft, wie er sich dabei vermutlich gefühlt hat. Schreibe in der Ich-Form.

3. Iran (S. 61–98 / 48–76)

a) Leseprotokoll und Lesetagebuch

A 1 Fasse knapp zusammen: Wie erlebt Enaiat die Tage in Kerman? Wodurch wird das Ausgeliefertsein als Kranker wieder ausgeglichen?

A 2 Nenne die Themen, die in den Dialogen auf S. 65 f. / 51 f., 73 f. / 57 f. und 85 / 66 angesprochen werden. Inwieweit treiben diese die Handlung voran?

A 3 Beschreibe Enaiats Leben auf der ersten Baustelle (direkt in Isfahan). Überwiegen die positiven oder die negativen Erlebnisse?

A 4 Woran liegt es, dass Enaiat glaubt, auf der zweiten Baustelle (Baharestan) ein neues Zuhause gefunden zu haben? Schildere kurz, was ihm gut tut.

A 5 Wie erlebt Enaiat die Abschiebung zurück nach Afghanistan und die Rückkehr in den Iran? Nenne Beispiele dafür, welchen Behandlungen Enaiat als „Illegaler" ausgeliefert ist.

A 6 Wie erlebt Enaiat die Arbeit in der Steinfabrik in Qom? Stelle kurz die Licht- und Schattenseiten einander gegenüber.

A 7 Welche Erlebnisse veranlassen Enaiat, in die Türkei zu flüchten? Fasse zusammen: Warum hat er „die Nase voll von diesem Leben" im Iran?

A 8 Wähle eine Anregung aus und lasse dich in deinem Lesetagebuch darüber aus.

- O *Enaiat fühlt sich durch sein Fieber total ausgeliefert. Kannst du dir Lebenssituationen vorstellen, in denen du gleichermaßen ausgeliefert sein könntest?*
- O *Kannst du dich an dein erstes eigenes Geld, an deine erste eigene Uhr erinnern? Schildere die Gefühle, die du gehabt hättest, wenn man dir das eine oder das andere einfach weggenommen hätte.*
- O *Hast du schon einmal Fotos oder Filme vom 11. September 2001 gesehen? Film oder Wirklichkeit – Was hast du dir beim ersten Anschauen gedacht? Fasse deine Gedanken zusammen.*
- O *„Damals gab es für mich nichts Schlimmeres, als von Sufi getrennt zu sein."* (S. 77 / 60) *Stell dir vor und schildere das Gefühl, wenn deine beste Freundin / dein bester Freund eigene Wege geht.*

b) Denkimpuls „Angst vor dem Ausgeliefertsein"

„Ich habe niemals Angst, Enaiat, sagte er. Und ich habe ständig Angst. Ich kann das eine gar nicht mehr vom anderen unterscheiden." (S. 73 / 57)

A 1 Alle Menschen kennen das Gefühl der Angst – es ist ein Urgefühl. Nenne einige typische Symptome, an denen du erkennst, dass du Angst hast.

A 2 Vergegenwärtige dir nochmals die Handlung der ersten beiden Kapitel. In welchen Situationen hat Enaiat in Afghanistan und Pakistan Angst verspürt? Fasse in Stichworten zusammen.

A 3 Was ist Angst? Lies dazu die folgende Definition und unterstreiche das Wesentliche. Entscheide daraufhin, ob Enaiat – unabhängig von seiner Wortwahl hier und an vielen anderen Textstellen – eher Angst oder Furcht verspürt.

Angst ist ein Grundgefühl, das zum Menschsein gehört und ursprünglich lebenserhaltende Funktion hatte, indem es den Betroffenen aktiviert, sich vor einer Bedrohung zu schützen, d.h. entweder zu fliehen oder sich der Bedrohung zu stellen und zu kämpfen.
Bedrohungen der körperlichen Unversehrtheit oder des Lebens, aber auch die Gefährdung der eigenen Würde lösen Besorgnis und Beklommenheit aus, zumeist begleitet von körperlichen Symptomen wie Herzklopfen, Schweißausbruch oder Zittern.

Folgen von Angst können sein, dass der Betroffene verunsichert und übervorsichtig wird, bedrohliche Situationen vermeidet, dass er überreagiert und aggressiv wird, dass er in seinem Verhalten blockiert, in seiner Entwicklung gehemmt und in der Entfaltung seiner Persönlichkeit gestört wird, dass er an psychosomatischen Störungen leidet oder psychisch krank wird.

Psychologen unterscheiden die unbestimmte (diffuse) **Angst** und die **Furcht** vor einer konkreten Bedrohung: So kann ein Mensch ganz allgemein Angst vor Krankheit oder Tod haben, er kann sich aber auch angesichts einer konkreten Bedrohung vor Schmerz, Verletzung oder Tod „fürchten". Diese auf eine Situation bezogenen Gefühle werden von dem Persönlichkeitsmerkmal ***Ängstlichkeit*** unterschieden. Eine krankhaft übersteigerte Angst wird als ***Angststörung*** bezeichnet, dazu gehören ***Phobien*** (wie Höhenangst), ***Panikattacken*** (wie Schockstarre) und ***Psychosen*** (wie Verfolgungswahn).

Auf Enaiat trifft eher der Begriff Angst / Furcht (Nichtzutreffendes bitte streichen!) zu, weil ...

A 4 Lies auf S. 67 f. nach, wie Sufi reagiert, als auf der Straße unerwarteterweise Schafe den Bus zum Halten zwingen. Was offenbart sich an seiner Reaktion?

„Wir hatten Angst vor der iranischen Polizei, wir hatten Angst, in Telisia oder Sang Safid zu landen. [...] In Afghanistan muss man nur ihre Namen aussprechen, und schon bekommt jeder Beklemmungen. Die Sonne verdunkelt sich, und die Bäume verlieren ihre Blätter. Die Lagerpolizei soll einen angeblich zwingen, mit einer Abdeckplane in die Berge zu gehen. Ganz weit oben wird man dann in die Plane geschnürt und in den Abgrund gerollt. Als ich noch in Afghanistan war, bin ich einmal zwei Jungen begegnet, die verrückt geworden waren. Sie führten Selbstgespräche und machten sich in die Hosen. Irgendjemand hatte mir erzählt, dass sie in Telisia oder Sang Safid gewesen waren. [...] Für einen Bruchteil einer Sekunde stellte ich mir einen Folterkeller vor. Einen Brunnenschacht voller Totenschädel oder ein Loch, das bis zum Mittelpunkt der Erde reicht. Kleine schwarze Insekten, die an den Wänden entlangkrabbeln, und Säurespritzer an der Decke." (S. 71 u. 88)

A 5 Lies auf den S. 81 ff. / 63 ff., 87 ff. / 67 ff., 96 f. / 74 f. und 97 f. / 75 f. nach, was Enaiat konkret widerfährt, als er von der Polizei „erwischt" wird. Und vergleiche dies mit seinen Ängsten. Vervollständige den Satz.

Selbst wenn nicht alle Ängste begründet sind, wirken sie sich auf Enaiat aus, indem sie ...

„Das ist das größte Problem als illegaler Einwanderer: Man ist illegal, auch wenn man ernsthaft krank ist und Hilfe braucht. [...] ich konnte keine Fragen stellen, schließlich war ich ihnen als Kranker, Schuldner und Afghane gleich mehrfach ausgeliefert." (S. 64 / 50)

A 6 Vergewissere dich, ob du die Begriffe „Willkür" und „Schikane" genau verstehst, und erkläre mit deren Hilfe Enaiats Angst vor dem Ausgeliefertsein. Dabei darfst du auch auf Beispiele aus anderen Kapiteln zurückgreifen.

Von **Willkür** spricht man, wenn jemand eine Entscheidung trifft oder eine Handlung ausführt, die rechtlich nicht vertretbar ist, weil sie auf sachfremden Erwägungen beruht, unangemessen ist und jeglichem Gerechtigkeitsempfinden widerspricht. Im Grundgesetz (Art. 3, 1) ist Willkür verboten, sobald sie der allgemeinen Gleichheit vor dem Gesetz widerspricht.

Mit **Schikane** ist eine eher geringfügige, aber böswillige Quälerei gemeint, die in der Sache nicht begründbar ist und nur das Ziel hat, einem anderen Schaden oder andere Nachteile zuzufügen. Im deutschen Recht (BGB § 226) ist das Schikanieren durch staatliche Institutionen verboten. Willkür und Schikane sind Formen des Machtmissbrauchs. Wer andere willkürlich behandelt oder schikaniert, verstößt gegen ethische Prinzipien wie Gerechtigkeit, Wohlwollen und Respekt.

c) Der Iran zwischen Modernisierung und Re-Islamisierung

Das historische **Persien** ist eine der ältesten Hochkulturen der Welt mit einer beeindruckenden Geschichte und Kultur. Das Land ist von der Fläche her das größte, durch das Enaiat gekommen ist, und etwa viereinhalb mal so groß wie Deutschland. Da es aber etwas weniger Einwohner hat, leben pro Quadratkilometer nur etwa ein Fünftel Menschen. (Der) **Iran**, wie das Land heute offiziell genannt wird, wird zu mehr als 90 Prozent von Schiiten bewohnt. Die Amtssprache ist Persisch (Farsì), das der Muttersprache von Enaiat, Darí, ähnelt, aber ganz anders ausgesprochen wird. Die Hauptstadt des Iran ist **Teheran**. 1906 wurde das Land eine konstitutionelle Monarchie, in der die „Schahs" der Pahlavi-Dynastie eine Politik der Modernisierung, Säkularisierung und der Öffnung gegenüber dem Westen betrieben, indem sie unter anderem die islamistische Opposition unterdrückten. Durch die Revolution von 1979 wurde der Iran eine **theokratische Republik**, in der alle Staatsgewalt religiös legitimiert ist und die von schiitischen Geistlichen geführt wird. Formal werden zwar regelmäßig Wahlen abgehalten, aber von einer Demokratie kann nicht die Rede sein.

A 1 Informiere dich über Amnesty International und unterstreiche das Wesentliche.

AMNESTY INTERNATIONAL

Amnesty International ist eine nichtstaatliche Organisation, die 1961 in London gegründet wurde, für alle Nationalitäten und Religionen offensteht und sich unter dem Motto „Gerechtigkeit globalisieren" weltweit für die Wahrung der Menschenrechte und gegen jegliche Form von Diskriminierung einsetzt. Grundlage ihrer Arbeit sind die international anerkannten Dokumente, die die Menschenrechte erklären oder die Grundrechte in den einzelnen Staaten garantieren, die Folter oder Hinrichtung ächten und politische Gefangene, Kriegsgefangene bzw. Flüchtlinge schützen (vgl. S. 62 f.). Werden Menschenrechte verletzt, so wird dies von Amnesty dokumentiert und öffentlich angeprangert: So konnte Amnesty nachweisen, dass 2014 in mehr als der Hälfte aller Länder die „Meinungs- und Pressefreiheit willkürlich eingeschränkt", „Menschen gefoltert oder anderweitig misshandelt" bzw. in „unfairen Gerichtsverfahren" verurteilt wurden.

A 2 Recherchiere die aktuellen Werte der sechs Länder, durch die Enaiat kommt, und trage sie in der richtigen Reihenfolge ein. In welchem dieser Länder werden die Menschenrechte (mit dem höchsten HumanRights-Index) am besten geschützt? Wo steht der Iran?

An 1. Stelle steht ________________________ mit dem HDI-Index ____________ .
An 2. Stelle steht ________________________ mit dem HDI-Index ____________ .
An 3. Stelle steht ________________________ mit dem HDI-Index ____________ .
An 4. Stelle steht ________________________ mit dem HDI-Index ____________ .
An 5. Stelle steht ________________________ mit dem HDI-Index ____________ .
An 6. Stelle steht ________________________ mit dem HDI-Index ____________ .

A 3 Beantworte(t) wahlweise in Stichworten <u>eine</u> *oder* arbeitsteilig auf einem Lernplakat <u>alle</u> drei Fragen.

- O Sind Telisia und Sang Safid fiktiv oder gab / gibt es diese Lager wirklich?
- O Warum sind Afghanen im Iran unerwünscht, obwohl sie der gleichen Konfession angehören?
- O Was müsste sich ändern, damit der Iran von Amnesty International und von der EU als Demokratie anerkannt werden könnte?

d) Eine Schlüsselszene im Iran: Filfil auf der Baustelle

„Ich stellte mich tatsächlich geschickter an, alle vertrauten mir. Trotzdem war ich immer noch genauso klein wie vorher. Und so kam es, dass das Baumaterial, noch während ich am Seil zog, plötzlich schwerer wurde als ich. Die Last begann zu sinken, und ich wurde in die Höhe gehoben. Alle lachten, und bevor jemand kam, um mir zu helfen, ließen sie mich eine Weile wie wild schreien und zappeln. Dabei durfte ich die Last nicht loslassen, denn wenn sie zu Bruch gegangen wäre, wäre das natürlich meine Schuld gewesen." (S. 78 / 61)

A Enaiat muss im wahrsten Sinne des Wortes eine Last tragen, die viel zu schwer für ihn ist. Das könnte ein Bild sein für die grundsätzliche Überforderung, der Enaiat, der ja in etwa so alt ist wie du selbst, während der gesamten Reise ausgesetzt ist.
Überlege dir, ob du selbst schon Situationen erlebt hast, die dich überfordert haben, oder stelle dir eine solche Situation vor. Worüber würdest du dich gerne einmal mit Enaiat austauschen?
Formuliere einen Brief (ca. 200 Wörter), in dem du ihm Fragen darüber stellst, was ihm in dieser oder in ähnlichen Situationen geholfen hat.

4. Türkei (S. 99–134 / 77–103)

a) Leseprotokoll und Lesetagebuch

A 1 Erkläre, wie die Flucht in die Türkei finanziert und welche Ausrüstung benötigt wird.

A 2 Analysiere die Dialoge auf S. 103 und 124. Worüber sprechen Fabio und Enaiat? Beurteile, inwiefern die Gesprächsinhalte zur vierten Etappe (Türkei) passen.

A 3 Wie lang sollte die Flucht über die Berge dauern und wie lange hat sie tatsächlich gedauert? Wie viele Flüchtlinge sind umgekommen? Fasse Strapazen und Gefahren knapp zusammen.

A 4 Beschreibe in Stichworten die Fahrt nach Istanbul im Hohlraum des Lasters.

A 5 Mit welcher Notlüge kann sich Enaiat die Flucht übers Meer ermöglichen und wodurch kann er sich zum Kapitän des Schlauchboots machen? Fasse die letzten Tage in der Türkei zusammen.

A 6 Was veranlasst die Jungen darüber nachzudenken, ob es im Meer Krokodile gibt? Erkläre die Situation und stelle eine Vermutung an, warum der Titel diese Frage bejaht.

A 7 Entscheide dich nun im Lesetagebuch für eine der folgenden Anregungen.

- O *„Ich habe noch nie das Meer gesehen, sagte ich. Es gibt so vieles, das ich noch nie gesehen habe, aber gerne sehen würde." (S. 102 / 79) Kannst du Enaiats Sehnsucht nachvollziehen? Du bist etwa so alt wie Enaiat. Veranschauliche, was du gerne sehen und erleben möchtest.*
- O *„Als ich ihn einholte, sah mir der Alte direkt in die Augen, als wollte er mir etwas sagen. Aber ich wusste nicht, was." (S. 109 / 84) Lass den Hirten zu Wort kommen und formuliere, was er Enaiat hätte sagen können, wenn sie ungestört miteinander kommuniziert hätten.*
- O *„Er war zu schwer, und wir waren zu müde, es ging nicht. Wir ließen ihn im Stich. Als wir hinter einer Kurve verschwanden, hörte ich noch kurz seine Stimme, dann gar nichts mehr: Der Wind hat seine Rufe verschluckt." (S. 112 / 86) Hast du schon einmal erlebt, dass du einem Hilflosen nicht helfen konntest? Versuche deine Gedanken und Gefühle in Worte zu fassen.*
- O *„Inzwischen trage ich beide Welten in mir." (S. 103 / 80) Erörtere, ob es eher hilfreich oder eher hinderlich ist, zwei so unterschiedliche Welten in sich zu tragen.*

b) Denkimpuls „Die Erde als Heimat aller Menschen“

„Inzwischen hatte ich einen Punkt erreicht, an dem es kein Zurück mehr gibt, wie es so schön heißt. Und zwar nicht einmal mehr in Gedanken. Ganze Tage, ja Wochen vergingen, ohne dass ich mein Heimatdorf [...] meine Mutter, meinen Bruder und meine Schwester vor mir sah. Dabei war mir ihr Bild anfangs Tag und Nacht vor Augen gestanden.“ (S. 99 / 77)

A 1 Vergegenwärtige dir, was Enaiat in seiner Heimat widerfahren ist oder lies auf S. 94 f. / 73 f. nach, warum ihm abgeraten wird, in seine Heimat zurückzukehren. Fasse knapp zusammen, warum es für Enaiat kein Zurück mehr gibt.

A 2 Wenn Enaiat dennoch über sein Heimatdorf nachdenkt, stellt sich die Frage nach unserem Heimatbegriff. Lies hierzu die folgende Definition und unterstreiche die Aussagen, denen du zustimmst. Erkläre dann deine persönliche Vorstellung von Heimat, indem du Prozentwerte verteilst; achte dabei darauf, dass deine Gewichtungen in der Summe 100 Prozent ergeben.

Ursprünglich bedeutet **Heimat** das Land oder die Region, wo man geboren und aufgewachsen ist; dies ist der Ort, an dem elementare Beziehungen zu Mitmenschen entstehen, an dem ein Mensch ganz selbstverständlich in die Gesellschaft hineinwächst, wo er sprechen, lesen und schreiben lernt, ein Ort also, der seine Mentalität, seinen Charakter, viele seiner Einstellungen und seine Identität, prägt. In diesem engeren Sinn lieben viele Menschen ihre Heimat und bei deren Verlust empfinden sie Heimweh als eine Sehnsucht, dorthin zurückkehren zu wollen.
Durch die Erfahrung von Vertreibung und Exil, von Globalisierung und weltweiter Migration kann mit Heimat in einem weiteren Sinn allerdings auch das Land gemeint sein, wo man sich zu Hause fühlt, weil man schon lange dort wohnt. Migranten müssen eine neue Heimat finden; manche von ihnen empfinden zwei Länder als ihre Heimat.
Der Heimatbegriff ist daher erstens einem steten Wandel unterworfen und zweitens unabhängig von politisch-geografisch-rechtlichen Definitionen immer auch subjektiv. So gibt es durchaus Menschen, die das Land, in dem sie aufgewachsen sind, aufgrund schlechter Erfahrungen, nicht (mehr) als Heimat empfinden können. Da grundsätzlich jeder Mensch „heimatlos“ werden kann, ist es problematisch, mit einer Formulierung wie „unsere Heimat“ andere Menschen auszugrenzen.

Heimat ist für mich (bitte in etwa den Prozentwert angeben) ...

___ %: **die Landschaft und die unmittelbare Umgebung, in der ich aufgewachsen bin.**
___ %: **der Ort, an dem die wichtigsten mir vertrauten Menschen leben.**
___ %: **die Gegend, in der ich Arbeit finden und zu Wohlstand gelangen kann.**
___ %: **die Gegend, in der viele Menschen gleicher ethnischer Herkunft leben.**
___ %: **die Gegend, in der meine religiösen oder weltanschaulichen Werte gelten.**
___ %: **die Gegend, in der ich meine Sprache sprechen und hören kann.**
___ %: **das Land, mit dessen Geschichte und Kultur ich mich identifizieren kann.**
___ %: **das Land, in dem ich mich selbst verwirklichen und nach meinem Glück streben kann.**
___ %: **der Staat, dessen Verfassung und Gesetze ich gerne respektiere.**
___ %: **der Ort, an dem** ________________________ (bitte ergänzen!)

Nach seinen Erfahrungen in Afghanistan und Pakistan fühlt sich Enaiat anfangs im Iran recht wohl:

> *„Ich befand mich jetzt auf schiitischem Boden. Und obwohl mir das im Grunde egal war, fühlte ich mich ein bisschen zu Hause oder hoffte zumindest, dass ich es dort sein würde. Ich sehnte mich nach einem Ort, an dem man mich gut behandeln würde – was im Grunde dasselbe ist."* (S. 65 / 51)

Nach eigenem Bekunden geht es ihm auf der Baustelle in Isfahan „gut" (S. 74 / 58) und in Baharestan träumt er „schon davon, hier alt zu werden, glaubt(e), endlich ein neues Zuhause gefunden zu haben" (S. 79 / 62).

A 3 Unter welchen Umständen hätte der Iran für ihn eine neue Heimat werden können? Lies im vierten Kapitel oder in deinem Leseprotokoll nach, was er im Iran an Positivem erlebt hat. Vervollständige den folgenden Satz:

Ein fremdes Land kann man durchaus als neue Heimat empfinden, wenn ...

-
-
-
-
-
-

Doch dieser Versuch, ein neues Zuhause zu finden, wo er als Schiite eigentlich hätte willkommen sein dürfen, scheitert an der Willkür und an den Schikanen der iranischen Polizei, denn trotz seiner Religionszugehörigkeit bleibt er als Afghane im Iran ein „Illegaler" ohne Aussicht auf Heimat:

> *„Ich war fast vierzehn, vielleicht auch ein bisschen älter, als ich beschloss, den Iran zu verlassen. Ich hatte die Nase voll von diesem Leben."* (S. 99 / 77)

A 4 Versetz dich in Enaiats Lage und schreibe aus seiner Perspektive einen kurzen Brief an seine Mutter, in dem er erklärt, warum er nicht nach Afghanistan zurückkehren, aber auch nicht im Iran bleiben kann. Lass ihn darin seine Wunschvorstellung von Heimat entwickeln.

c) Die Brücke zwischen Asien und Europa

Das Gebiet der **Türkei** ist mehr als doppelt so groß wie die Fläche Deutschlands – bei etwa gleich vielen Einwohnern. **97 Prozent des Staatsgebietes liegen in Asien, 3 Prozent in Europa**. In Istanbul, das mit drei gewaltigen Hängebrücken über den Bosporus und einem Tunnel Asien mit Europa verbindet, lebt ein Fünftel aller Türken. Die Hauptstadt der Türkei ist allerdings **Ankara**.

Die Türkei ist wie kaum ein anderes Land zugleich **Einwanderungs- und Auswanderungsland**. Vier Fünftel der Bürger gelten aufgrund einer starken **Assimilationspolitik**[1] offiziell als Türken, Türkisch wird als Muttersprache oder bei den meisten Minderheiten zumindest als Zweitsprache gesprochen, die größte Minderheit stellen die Kurden dar. In Wirklichkeit ist die Türkei ein multiethnischer Staat. Staat und Kirche sind im Vergleich zum Iran, zu Pakistan und Afghanistan getrennt, selbst wenn der überwältigende Teil der Bevölkerung dem Islam zugerechnet wird; die meisten Staatsbürger sind Sunniten.

Die Türkei ist 1923 aus dem Osmanischen Reich hervorgegangen. Staatsgründer **Mustafa Kemal Atatürk** modernisierte das Land, öffnete es gegenüber dem Westen und schuf eine parlamentarische Republik. Die Verfassungen von 1924 und 1982 sind formal demokratisch, die wichtigsten Grundrechte werden offiziell garantiert. Problematisch ist jedoch – besonders seit dem niedergeschlagenen Putschversuch im Juli 2016 – der Umgang der Regierung mit Minderheiten und mit der politischen Opposition. Menschenrechtsverletzungen und Einschränkungen in der Informationsfreiheit verhindern seit Jahrzehnten, dass die Türkei der EU beitreten darf.

A 1 Informiere dich über Pressefreiheit und unterstreiche das Wesentliche.

Da in vielen Ländern die Pressefreiheit willkürlich eingeschränkt ist, kämpft die Organisation **„Reporter ohne Grenzen"** seit 1985 unter dem Motto „Für Informationsfreiheit" weltweit gegen jede Form von Zensur und solidarisiert sich mit Journalisten, die aus politischen Gründen inhaftiert sind. **Pressefreiheit** (auch: Informations- oder Medienfreiheit) bezeichnet das Recht von Presse, Radio, Fernsehen, Internet und anderen Medien unzensiert Informationen und Meinungen zu veröffentlichen, um somit eine freie Meinungsbildung zu gewährleisten. Auf der Rangliste für Pressefreiheit ist die Punktzahl 0 der optimale, die Punktzahl 100 der schlechtestmögliche Wert.

A 2 Recherchiere die aktuellen Werte der sechs Länder von Enaiats Reise und trage sie in der richtigen Reihenfolge ein. In welchem Land herrscht die höchste Informationsfreiheit?

An 1. Stelle steht ______________________ mit der Punktzahl __________.
An 2. Stelle steht ______________________ mit der Punktzahl __________.
An 3. Stelle steht ______________________ mit der Punktzahl __________.
An 4. Stelle steht ______________________ mit der Punktzahl __________.
An 5. Stelle steht ______________________ mit der Punktzahl __________.
An 6. Stelle steht ______________________ mit der Punktzahl __________.

A 3 Beantworte(t) wahlweise in Stichworten eine *oder* arbeitsteilig auf einem Lernplakat alle drei Fragen.

- ○ Welche Rolle spielt die Türkei heute in der Flüchtlingsfrage?
- ○ Wie geht die Regierung aktuell mit Minderheiten und mit der politischen Opposition um?
- ○ Gibt es in der Türkei aktuell Folter oder unfaire Gerichtsverfahren? Nenne ggfs. Beispiele.

[1] die Assimilation: Anpassung, hier: das Aufgehen einer ethnischen, religiösen, kulturellen Gruppe in einer anderen Gruppe

d) Eine Schlüsselszene in der Türkei: Schuhe eines Toten

„Am achtzehnten Tag sah ich sitzende Menschen. Ich sah sie in der Ferne und verstand nicht gleich, warum sie angehalten hatten. Der Wind war rasiermesserscharf, und Schnee verstopfte mir die Nase. […] Hinter einer Haarnadelkurve sah ich sie plötzlich vor mir. Sie würden für immer dort sitzen. Sie waren erfroren. […] Ich klaute einem die Schuhe, denn meine waren kaputt, und meine Zehen waren bereits blau und gefühllos. Ich spürte gar nichts mehr, nicht einmal, wenn ich sie an einem Stein stieß. Ich zog einem Toten die Schuhe aus und probierte sie an. Sie passten mir." (S. 113 / 87)

A 1 Was geht dir durch den Kopf, wenn du diese Stelle liest? Male den Satz aus, der deine Gedanken am besten trifft.

Wie schrecklich, was Enaiat da erlebt!

Enaiat muss unfassbar traurig sein!

Wie kann Enaiat das nur aushalten?

Ich verstehe nicht, wieso Enaiat so ruhig bleibt!

Zum Glück hat er jetzt neue Schuhe!

Die Flucht Enaiats ist einfach furchtbar.

A 2 Unterhalte dich in deiner Lerngruppe darüber, welche Gefühle und Gedanken bei euch ausgelöst werden, und lies dann noch einmal genau die Textstelle. Wie beschreibt der Ich-Erzähler eigentlich die Situation? Was erzählt er über Enaiat? Ergänze die Tabelle.

äußere Handlung	innere Handlung

A 3 Erläutere nun, wie es dem Autor, Fabio Geda, gelingt, bei uns Leserinnen und Lesern mitfühlende Gedanken und Gefühle hervorzurufen.

5. Griechenland (S. 135–163 / 104–125)

a) Leseprotokoll und Lesetagebuch

A 1 Erkläre in wenigen Sätzen, warum die Jungen im Schlauchboot von Ayvalik nach Mytilini länger als nur „zwei, drei Stunden“ (S. 135 / 104) brauchen und wie Liaquat umkommt.

A 2 Analysiere die Dialoge auf den S. 138 / 106, 139 / 106, 148 / 113, 149 / 114 und 160 / 122: Inwiefern wird durch die Nachfragen des Autors auf die unterschiedlichen Verhaltensweisen von Menschen (etwa des Fährenkapitäns, der Jungs im Schlauchboot, der älteren Frau oder Enaiats im Bordell) aufmerksam gemacht?

A 3 Fasse in Stichworten zusammen: Welche Meinungsverschiedenheiten beenden die gemeinsame Flucht und wie kommt Enaiat zu Kleidung und Fahrkarte nach Athen?

A 4 Schildere in zwei bis drei Sätzen, was Enaiat mit Jamal im Frühsommer 2004 in Athen erlebt.

A 5 Fasse in Stichworten zusammen, wie Enaiat von Athen über Korinth und Patras schließlich nach Italien gelangt.

A 6 Entscheide dich nun für eine der folgenden Anregungen und lasse dich etwas ausführlicher in deinem Lesetagebuch darüber aus.

- ○ *Als Liaquat ertrinkt, finden sich Leerstellen im Text, die vermutlich der extremen Erschöpfung der Jungen im Schlauchboot und dem Schrecken über Liaquats Tod geschuldet sind. Bringe daher an Enaiats Stelle in der Ich-Form zum Ausdruck, was er gefühlt und gedacht haben könnte.*
- ○ *Versetze dich in die alte Dame, die Enaiat auf Mytilini weiterhilft. Schreibe in einem inneren Monolog, was sie empfinden könnte, als sie den schlafenden Jungen entdeckt.* (vgl. S. 148 / 113 f.)
- ○ *„Ich weiß noch, wie ich dachte, dass es enorm gute Menschen gibt.“* (S. 148 / 114) *Charakterisiere einen Menschen, den du kennst und den du genauso positiv beurteilen würdest.*
- ○ *Leider begegnet Enaiat nicht nur Menschen, die es gut mit ihm meinen. Benenne bzw. beschreibe e i n e Verhaltensweise gegenüber Flüchtlingen, die du auf keinen Fall billigen könntest, und begründe dein Urteil.*

b) Denkimpuls „Migration unter Lebensgefahr"

„Wir hatten den Schilderungen derer gelauscht, die aufgebrochen und zurückgekehrt waren, ja vielleicht nur überlebt hatten, um uns jede Menge Schauergeschichten über die zu erzählen, die es nicht geschafft hatten. Fast so, als ließe die Regierung ein oder zwei von jeder Karawane am Leben, damit sie den anderen Angst einjagen konnten. Manche waren in den Bergen erfroren, andere waren von Grenzpolizisten getötet worden und wieder andere in der Meeresenge zwischen der Türkei und Griechenland ertrunken." (S. 102 / 79)

A 1 Bevor Enaiat zu seiner Flucht über die Türkei nach Europa aufbricht, hat er schon einiges auf seiner Flucht erlebt, Schlimmes wird er noch erleben. Orientiere dich an den folgenden Schlagworten und Seitenangaben und halte in Stichworten fest, worin die Gefahr bestand.

- Kalaschnikows (S. 97 / 75):
- Blutiger Brei (S. 102 f. / 80):
- Keine Antwort (S. 107 f. / 83):
- Das reinste Labyrinth (S. 111 / 86):
- Ein bengalischer Junge (S. 111 f. / 86):
- Messerstecherei (S. 112 / 86):
- Sitzende Menschen (S. 112 / 87):
- Die letzte Ration (S. 113 / 87):
- Zwölf von siebenundsiebzig (S. 114 / 88):
- Hohlraum mit über fünfzig Personen (S. 117 ff. / 90 ff.):
- Blut pinkelte (S. 120 / 93):
- Schlauchboot (S. 123 ff. / 96 ff.):

A 2 Formuliere zu den genannten Situationen deine persönliche Meinung: Handelt es sich eher um „Schauergeschichten" oder um reale Gefährdungen? Welche Flucht-Gefahren sind so spektakulär, dass von ihnen in den Medien berichtet wird? Und welche Gefahren waren dir bisher kaum bewusst?

Von der lateinischen Herkunft (Etymologie) des Wortes ausgehend bedeutet **Migration** verharmlosend „(Aus-)Wanderung". Gemeint ist, dass ein Mensch seinen Lebensmittelpunkt über Staatsgrenzen hinweg dauerhaft räumlich verlegt.
Dieser neutrale Begriff berücksichtigt allerdings nicht die unterschiedlichen Ursachen der Auswanderung: Arbeitslosigkeit und soziale Not, Gefahren für die Gesundheit und das Leben, politische Verfolgung und Verletzung von Menschenrechten oder Krieg und Bürgerkrieg. Wenn Menschen auswandern, weil sie diskriminiert werden, weil ihr Leben bedroht ist, weil sie politisch verfolgt, willkürlich verhaftet oder gefoltert werden, spiegelt „**Flüchtlinge**" treffender die Ursachen wider als die Bezeichnung „Migranten".
Zu bedenken sind die Risiken: Wie lange dauert die Flucht? Welche Kosten und Abhängigkeiten (z. B. durch Schlepper) entstehen? In welchen Verhältnissen lebt der Flüchtling? Gefährdet er durch den Fluchtversuch sein Leben? Ist er im Einwanderungsland willkommen und hat er eine Chance, sich zu integrieren? Wird er abgeschoben oder von Fremdenfeindlichkeit bedroht?

„Wir machten uns keine Gedanken darüber, wie gefährlich die Überfahrt war. Der Tod kommt einem sehr weit weg vor, auch wenn er gar nicht mehr so weit entfernt ist. Man glaubt, ihn überlisten zu können." (S. 130 / 100)

A 3 Recherchiere, wie viele Menschen aus Asien und Afrika bei ihrer Migration nach Europa im Mittelmeer den Tod gefunden haben. Halte nicht nur die Zahl der Todesopfer, sondern auch den angegebenen Zeitraum und deine Informationsquelle fest. Schätze, wie hoch die Zahl der Ertrunkenen von 2004 (dem Jahr, in dem Enaiat in Europa ankam) und heute sein könnte.

Zahl der Todesopfer: ____________ Im Zeitraum: ____________

Informationsquelle: ____________

Geschätzte Zahl: ____________ (von 2004 bis heute)

A 4 Nimm Stellung, wer in welchem Umfang für diese Katastrophe verantwortlich ist: die Herkunftsländer, die Migranten, die Schlepper oder die Länder, die Migranten abweisen? Was müsste verändert werden, damit niemand mehr im Mittelmeer ertrinken muss?

c) Die Wiege Europas und der Demokratie

Griechenland ist mit Blick auf das Staatsgebiet und die Einwohnerzahl das kleinste Land, das Enaiat auf seiner Odyssee durchquert. Das Staatsgebiet umfasst neben dem Festland und der Halbinsel Peloponnes **mehr als 3000 Inseln** im Mittelmeer, einige davon in unmittelbarer Nähe zur türkischen Westgrenze. Die neugriechische Sprache und das griechisch-orthodoxe Christentum tragen mit jeweils 97 Prozent zu einer starken Identität der Bevölkerung bei.

Griechenland war in der **Antike** eine Hochkultur, die wie kein anderes Land Europa geprägt hat: durch das Alphabet und die Rhetorik, die Olympischen Spiele und die Ausbildung der Wissenschaften, vor allem aber durch die Philosophie, das Streben nach Freiheit im Kampf gegen jede Tyrannei und die **attische Demokratie**, die in der Neuzeit zum Modell und Vorbild wurde.

Nach einer wechselvollen Geschichte hatten sich die Hellenen im 19. Jh. aus dem Osmanischen Reich gelöst und den griechischen Staat mit **Athen** als Hauptstadt gegründet. Nach Monarchie, deutscher Besatzung (1941–44), nach Bürgerkrieg und Militärdiktatur kehrte Griechenland 1975 mit einer republikanischen Verfassung zur Demokratie zurück. 1981 trat das Land der Europäischen Union bei und entwickelte sich von einem Auswanderungs- zu einem Einwanderungsland. Eine Rezession bei extremer Staatsverschuldung macht heute das Land von EU-Krediten abhängig und gefährdet die Mitgliedschaft in der EU. Diese Belastungen zeigen sich auch in der Asylpolitik: Hunderttausende illegaler Einwanderer aus Afghanistan, dem Irak und Nordafrika, die zum Teil mit Schlauchbooten über das Mittelmeer kommen, stellen eine Überforderung des Landes dar, sodass die Lebensbedingungen in den Lagern von Menschenrechtsorganisationen und vom Europäischen Gerichtshof als „unmenschlich und erniedrigend" kritisiert werden.

A 1 Informiere dich über die „Messung" von Demokratie und unterstreiche das Wesentliche.

Der Demokratie-Index wird seit 2006 von der britischen Wochenzeitung „The Economist" jährlich veröffentlicht. Nach wissenschaftlichen Kriterien wird der Grad der Demokratie bzw. die Entwicklungsstufe der Demokratisierung in den Staaten der Erde berechnet und auf einer Demokratie-Skala von maximal 10 erreichbaren Punkten miteinander verglichen. „Vollständige Demokratien" können Werte bis zu 9,9 erzielen, totalitäre und autoritäre Regime werden mit 1 bis 4 Punkten bewertet.

A 2 Recherchiere die aktuellen Werte der sechs Länder von Enaiats Reise und trage sie in der richtigen Reihenfolge ein. Welches Land gilt als das demokratischste?

An 1. Stelle steht ______________________ mit der Punktzahl ____________.
An 2. Stelle steht ______________________ mit der Punktzahl ____________.
An 3. Stelle steht ______________________ mit der Punktzahl ____________.
An 4. Stelle steht ______________________ mit der Punktzahl ____________.
An 5. Stelle steht ______________________ mit der Punktzahl ____________.
An 6. Stelle steht ______________________ mit der Punktzahl ____________.

A 3 Beantworte(t) wahlweise in Stichworten eine *oder* arbeitsteilig auf einem Lernplakat alle drei Fragen.

- ○ Wie hoch wird der Anteil von illegalen Flüchtlingen in Griechenland geschätzt?
- ○ Wurden tatsächlich Minderjährige wie Enaiat beim Bau der Olympia-Anlagen 2004 eingesetzt?
- ○ Wie viele Menschen sind bisher bei der Flucht von der Türkei im Mittelmeer umgekommen?

d) Eine Schlüsselszene in Griechenland: im Schlauchboot übers Meer

„[Die Fähre] machte Riesenwellen, die ganz anders waren als die natürlichen Wellen. Wellen, die sich mit den anderen kreuzten, woraufhin sich das Schlauchboot aufbäumte wie ein Pferd, das von einer Biene gestochen wird. Und Liaquat konnte sich nicht länger festhalten. Ich spürte, wie seine Finger über meine Schulter glitten. Er hat nicht geschrien, er hatte gar keine Zeit dazu. Das Schlauchboot hat ihn ohne jede Vorwarnung abgeworfen." (S. 138 / 106)

A Liaquat ist während der Flucht ein Verbündeter für Enaiat geworden, einer der in derselben Lebenssituation war wie er. Nun ist Liaquat tot. Die Hazara gedenken ähnlich wie die Christen einmal jährlich ihrer Toten. Weil Liaquat keine richtiges Grab und keine Trauerfeier hat, soll nun ein Text zu seinem Tod und seinem Andenken entstehen.
Gestalte diesen Text – du bist völlig frei in der Form: Du kannst einen Song schreiben, ein Gedicht, einen Bericht verfassen, mit Bildern arbeiten oder eine Collage entwerfen.

6. Italien (S. 164–187 / 126–143)

a) Leseprotokoll und Lesetagebuch

A 1 Fasse knapp zusammen: Mit welchen Erwartungen verlässt Enaiat das Schiff und in welchem Zustand betritt er Italien? Warum empfindet er das Land zunächst als „Paradies“ (S. 166 f. / 128)?

A 2 Analysiere den Dialog auf S. 169 / 129 f.: Warum sprechen Fabio Geda und Enaiat über „perfekte Orte“ und welche Vorstellungen entwickeln sie im Gespräch darüber?

A 3 Erläutere, auf welche Weise Enaiat die Freundschaft mit Payam weiterhilft.

A 4 Schildere, welche Erfahrungen Enaiat mit der „Ausländerbehörde für unbegleitete Minderjährige“ macht.

A 5 Vergleiche den Schluss (S. 187 / 143) mit dem Anfang des Romans (S. 7–8 / 7–8). Durch welche Empfehlung(en) der Mutter hat es Enaiat „geschafft", hat er trotz vieler Strapazen niemals aufgegeben? Durch welche Erzähltechnik gelangt Enaiats Geschichte somit auch formal zu einem guten Abschluss?

A 6 Entscheide dich nun für eine der folgenden Anregungen und lasse dich etwas ausführlicher in deinem Lesetagebuch darüber aus.

- ○ *Italien! Welche eigenen Erfahrungen verbindest du mit diesem Land? Kannst du nachvollziehen, dass Enaiat Italien als „Paradies"* (S. 166 f. / 128) *empfindet?*
- ○ *Enaiat im Bordell! – Mit diesem Scherz sind seine Freunde wohl zu weit gegangen! Aber peinliche Situationen kommen im Alltag immer wieder vor. Schildere eine peinliche Situation, in der du – wie Enaiat – am liebsten die Flucht ergriffen hättest.*
- ○ *„Taliban-Kind schneidet einem Spion die Kehle durch."* (S. 184 / 141) *– Hast du in der Zeitung oder in anderen Medien von ähnlich unmenschlichen Terrormaßnahmen gehört? Berichte möglichst sachlich.*
- ○ *Was könnte Enaiat empfinden, als er seine Mutter nach acht Jahren zum ersten Mal am Telefon hat? Schreibe einen inneren Monolog.*

b) Denkimpuls „Vom Erbarmen zum Engagement"

„Irgendwann kam dann diese alte Dame, […] Sie weckte mich, aber ganz sanft. […] Sie gab mir etwas Leckeres zu essen, […] Sie gab mir richtig gute Kleider: ein blau gestreiftes Hemd, Jeans und ein paar weiße Turnschuhe […]. Nachdem ich geduscht hatte, brachte mich die alte Dame zum Busbahnhof. Sie kaufte mir höchstpersönlich eine Fahrkarte, gab mir fünfzig Euro, verabschiedete sich und ging. Ich weiß noch, wie ich dachte, dass es enorm gute Menschen gibt." (S. 148 / 113 f.)

A 1 Warum tut die alte Dame das? Warum haben auch andere Menschen Enaiat auf seiner langen Flucht immer wieder geholfen? Sammle weitere Beispiele von Hilfsbereitschaft und Mitmenschlichkeit und halte diese unter den folgenden Schlagworten in Stichworten fest.

- Gib sie ihm zurück. (S. 45 / 36):
- Tadschike (S. 59 / 46):
- Hand auf die Stirn (S. 62 / 49):
- Onkel Hamid (S. 76 / 59):
- Süßigkeiten (S. 79 / 62):
- Auch für dich gespart (S. 101 / 78):
- Türkische Bauern (S. 115 / 89):

A 2 Lies die Definitionen und erläutere, warum Erbarmen und Barmherzigkeit eine wichtige Voraussetzung für spontane Hilfsbereitschaft sind.

Erbarmen: das Innehalten, weil man im anderen einen Mitmenschen erkennt. Plötzlich ist er kein Fremder mehr, sondern ein Mensch, mit dem man fühlt oder sogar leidet. Ist es ein Schwächerer, Leidender, Besitzloser oder ein Verfolgter, so wird man von dessen Schicksal gerührt. In diesem Gefühl entsteht spontan das Bestreben, Leiden zu mildern und zu helfen.
Wenn sich das „Herz" gegenüber der Not des anderen öffnet, spricht man von **Barmherzigkeit**. Diese Haltung ist eine zentrale Tugend, für Juden, Christen und Muslime eine religiöse Pflicht. Dazu gehört es, Hungrige zu speisen, Durstigen zu trinken zu geben, Nackte und Frierende zu bekleiden, Fremde gastfreundlich aufzunehmen oder Kranken beizustehen.

Erbarmen und Hilfsbereitschaft

„Ich hatte das Haus kaum betreten, als ich auch schon große Pantoffeln bekam, [...]. Nachdem wir uns die Hände gewaschen hatten, aßen wir gemeinsam zu Abend, mit Messer, Gabel, Gläsern, Servietten und so." (S. 175 / 134)

A 3 Halte in wenigen Sätzen fest, was Marco und Danila über die Gastfreundschaft hinaus Gutes für Enaiat tun.

A 4 Lies die folgenden Definitionen und unterstreiche die Einstellungen und Haltungen, die notwendig sind, um allen Migranten in Europa nachhaltig zu helfen.

Unter **Altruismus** versteht man die innere Einstellung eines Menschen, mehr an den anderen (lat. alter = der andere) und weniger an sich selbst (lat. ego = ich) zu denken. Diese uneigennützig-selbstlose, hilfsbereite und wohlwollend-rücksichtsvolle Denk- und Handlungsweise orientiert sich an den Mitmenschen und am Gemeinwohl und ist somit Ausdruck eines ausgeprägten Gerechtigkeitsempfindens und sozialen Verantwortungsbewusstseins.

Engagement nennt man den besonderen Einsatz für ein Projekt, eine Idee oder ein Ziel, der freiwillig und ehrenamtlich geleistet wird. Man investiert Zeit, manchmal sogar Geld für einen guten Zweck in verschiedenen Bereichen der Gesellschaft.
Soziales Engagement wird beispielsweise im Umwelt- und Tierschutz, im karitativen Bereich oder im Einsatz für die Verwirklichung der Menschenrechte geleistet. Beispiele für soziales Engagement sind das „freiwillige soziale Jahr" oder die Mitarbeit beim Roten Kreuz, „Ärzte ohne Grenzen" oder „Pro Asyl". Die Übergänge vom sozialen zum politischen Engagement sind fließend.
Unter **politischem Engagement** versteht man das Ehrenamt in politischen Gremien, die Arbeit in einer Partei oder Bürgerinitiative sowie alle Formen der politischen Willensbekundung (Demonstrationen, Unterschriftensammlungen); dies kann wie bei „Amnesty International" auch über nationale Grenzen hinausgehen.

A 5 Halte abschließend fest, welche Rolle das Erlernen der Gastsprache sowie eine schulische und berufliche Bildung bei der Integration von Migranten spielen.

c) Nach Enaiats Odyssee das Paradies?

Italien ist das Land, in dem Enaiat Asyl gewährt wurde, wo er eine dauerhafte Bleibe gefunden und den Schriftsteller Fabio Geda kennengelernt hat. Italiens Staatsgebiet ist etwas kleiner als Deutschland, die Zahl seiner Einwohner ist um ein Viertel geringer. Gleichwohl sind Bevölkerungsdichte, Wirtschaftskraft, Lebensstandard, politisches System und Bildungsgrad relativ ähnlich wie in Deutschland. Italien ist ebenfalls Gründungsmitglied der Europäischen Wirtschaftsgemeinschaft und ein stabiles Mitglied der EU und anderer internationaler Vereinigungen. Italiens Hauptstadt ist wie bereits in der Antike **Rom**. Dort befindet sich auch der Vatikanstaat mit dem Sitz des Papstes: Italien ist stark durch die römisch-katholische Kirche geprägt, zu der sich mehr als vier Fünftel der Italiener bekennen; zudem schafft auch die italienische Sprache einen hohen Grad an gemeinsamer Identität.

Nach einer wechselvollen Geschichte – unter anderem dem Faschismus und dem Zweiten Weltkrieg an der Seite Deutschlands – wurde 1946 die „Repubblica Italiana" ausgerufen. Nachdem Italien lange Zeit ein Auswanderungsland gewesen ist, hat sich dies durch Rechtsstaatlichkeit und steigenden Wohlstand umgekehrt: Seit den 1990er Jahren nimmt die Zahl der offiziell in Italien lebenden Ausländer stetig zu, hinzukommen die anerkannten Flüchtlinge und mit hoher Dunkelziffer die illegal im Lande lebenden Menschen. Die Flüchtlingslager auf **Lampedusa** machen deutlich, wie Italien mit der Flüchtlingswelle aus Nordafrika zeitweise überfordert war. Umgekehrt zeigt die Tatsache, dass zwischen Nordafrika und Italien mehr als 6000 Boatpeople umgekommen sind, neben der menschlichen Katastrophe auch den Einwanderungsdruck, dem Italien und Europa ausgesetzt sind.

A 1 Informiere dich über das Asylrecht. Unterstreiche das Wesentliche.

Mit **Asyl** (griech.: Heim oder Herkunft) sind der Schutz und eine existenzielle Grundsicherung gemeint, die zunächst politisch Verfolgten, darüber hinaus aber auch Personen gewährt werden, die aufgrund von Bürgerkriegen oder anderen Gefahren für Leben oder Unversehrtheit nicht in ihr Herkunftsland zurückkehren können. In der Flüchtlingskrise, die 2015 ihren bisherigen Höhepunkt hatte, zeigt sich, dass die europäischen Staaten das Asylrecht sehr unterschiedlich handhaben. Während beispielsweise Griechenland, Italien und Deutschland durch die Flüchtlingswelle an die Grenzen ihrer Kapazitäten gelangen, schotten sich andere Länder ab. Nachdem die Außengrenzen der EU nicht mehr gesichert werden konnten, wurde das Asylrecht verschärft und zur Bekämpfung von Terrorismus, Kriminalität und illegaler Migration innereuropäische Grenzkontrollen wieder eingeführt. (Vgl. S. 62 f.)

A 2 Beantworte(t) wahlweise in Stichworten eine *oder* arbeitsteilig auf einem Lernplakat alle drei Fragen.

- ○ Welche Rolle spielt Italien heute in der Flüchtlingsfrage? Wie hoch ist der Anteil von Flüchtlingen an der Gesamtbevölkerung? Vergleiche diesen Wert mit Deutschland und Österreich.
- ○ Wie könnte eine konstruktive Willkommenskultur in Europa gestaltet werden?
- ○ Durch welche Maßnahmen könnte verhindert werden, dass auf der Flucht nach Europa Menschen im Mittelmeer ertrinken?

d) Eine Schlüsselszene in Italien: der Asylantrag

„Und nachdem ich ihnen all das erzählt hatte, sagte dieser Typ, der Kommissar, dass er trotzdem nicht verstehe, warum ich politisch verfolgt sei. So gefährlich sei es für Afghanen in Afghanistan doch auch wieder nicht – ich hätte genauso gut zu Hause bleiben können.
Da zog ich die Zeitung hervor, die erst wenige Tage zuvor erschienen war. Ich zeigte auf einen Artikel. Die Schlagzeile lautete: Afghanistan: Taliban-Kind schneidet einem Spion die Kehle durch. [...] Ich zeigte auf den Artikel und sagte: Ich hätte dieser Junge sein können.
Dass ich als politisch Verfolgter anerkannt wurde, habe ich erst einige Tage später erfahren."
(S. 184 / 141)

A Nach all den traumatischen Fluchterfahrungen ist Enaiat schließlich am Ziel: Er stellt erfolgreich einen Asylantrag als politisch Verfolgter: Also Ende gut, alles gut oder doch nicht? Wie beurteilst du seine Situation?
Erörtere die Vorteile seiner jetzigen Situation, aber vergiss auch nicht die Schwierigkeiten, mit denen er nun zu kämpfen hat, auszuführen. Ziehe am Schluss deines Textes ein Fazit, in dem du deine persönliche Meinung zu Enaiats Geschichte wiedergibst. Schreibe dazu in deinem Heft einen Text mit ca. 250 Wörtern.

7. Inhalte prägnant zusammenfassen

a) Inhaltsangabe und Basissatz formulieren

Nun soll es darum gehen, die gesamte Roman-Handlung möglichst knapp zusammenzufassen. Dies ist eine echte Herausforderung, weil die Handlung an unterschiedlichen Schauplätzen spielt und sich über einen längeren Zeitraum erstreckt, vor allem aber, weil alle Figuren außer dem Ich-Erzähler nur in relativ kurzen Episoden auftreten. Daher ist es hilfreich, zunächst Stichworte zu sammeln, die die Handlung wiedergeben. Dies haben wir im Ideenspeicher in chronologischer Reihenfolge für dich gemacht.

A 1 Wähle aus den folgenden Stichworten diejenigen aus, die für eine Inhaltsangabe hilfreich sind. Bedenke dabei besonders, welche Informationen für den Leser, der den Roman nicht gelesen hat, notwendig sind. Streiche dafür unnötige Details durch und unterstreiche Stichworte, die unbedingt in der Inhaltsangabe verarbeitet werden müssen!
Und noch ein Hinweis: Die kursiv gesetzten Dialoge zwischen Enaiat und dem Autor dürfen in der Inhaltsangabe vernachlässigt werden.

Stichwortspeicher: Afghanistan (Heimatdorf Nawa): Taliban, Hazara, Erschießung des Lehrers und Schließung der Schule, Flucht vor Versklavung mithilfe von Schleppern – Mutter in Quetta (Pakistan): drei Regeln – lebenswertes Dasein – Arbeit bei Onkel Rahim und bei Sahib – Streit um Kaugummi: Freundschaft mit Sufi – Suppe beim Inder – schikanöse Flucht mithilfe von Schleppern nach Kerman – Iran: Krankheit, als Illegaler Angst vor Polizei und vor Konzentrationslagern, Baustellen in Isfahan und in Baharestan, Abschiebung und Rückkehr, Steinfabrik in Qom, Arbeitsunfall, erste Uhr, Trennung von Sufi, Schüsse der Polizei auf die Illegalen – Türkei: Flucht mithilfe von Freunden und Schleppern, Ausrüstung für Marsch über das Gebirge, Eis und Schnee, Schuhe eines Erfrorenen, Flucht im Hohlraum eines Lasters, Istanbul, Flucht mit einem Schlauchboot über das Mittelmeer, Angst vor Krokodilen, Enaiat mit Englischkenntnissen als Kapitän, Tod von Liaquat – Griechenland: Mytilini, Trennung von der Schlauchbootmannschaft, Hilfsbereitschaft der älteren Dame, Jamal, Arbeit in Athen auf der Olympiabaustelle, mehrfache Begegnungen mit der Polizei, Bordell-Abenteuer als Spaß der Freunde, von Korinth aus Flucht als blinder Passagier in einem Lastwagen im Bauch eines Schiffes nach Italien – Venedig, freundliche Begegnungen mit Radfahrern und im Zug nach Rom, Payam, Turin, Ausländerbehörde für unbegleitete Minderjährige, Familie von Marco und Danila, Italienischkurse und Hauptschulabschluss, Fachoberschule, Asylverfahren in Rom zur Anerkennung als politisch Verfolgter, Zeitungsartikel über Taliban-Terror, Telefonat mit der Mutter

Da eine Inhaltsangabe nicht einzelne Kapitel zusammenfassen, sondern die wesentlichen Aspekte zusammenhängend darstellen sollte, bietet es sich an, die Aussagen – kapitelübergreifend – an den folgenden Leitfragen zu orientieren:
(1) Warum muss Enaiat seine Heimat verlassen?
(2) Unter welchen Bedingungen muss er arbeiten, kann er seine Flucht organisieren?
(3) Welchen Gefährdungen und Schikanen ist er auf seiner Flucht ausgesetzt?
(4) Inwiefern helfen Enaiat Freundschaften, Beziehungen und Gesten der Mitmenschlichkeit weiter?
(5) Wie wird Enaiat in Italien aufgenommen?

A 2 Bevor du deine Inhaltsangabe formulierst, solltest du dich aber nochmals vergewissern, was genau von dir bei dieser anspruchsvollen Aufgabe verlangt wird. Unterstreiche im folgenden Methodenkasten, worauf du besonders achten möchtest.

Methodenwissen: Inhaltsangabe

Die **Inhaltsangabe** informiert knapp, sachlich und ohne innere Anteilnahme über den Ausgangstext. Da sie sich **auf das Wesentliche konzentriert**, passen Einzelheiten, schmückende Zitate oder die Wiedergabe wörtlicher Rede nicht zum knappen Stil der Inhaltsangabe. Soll eine wichtige Äußerung wiedergegeben werden, dann geschieht dies in **indirekter Rede** (Seine Mutter fordert ihn auf, weder Drogen zu nehmen noch Waffen zu benutzen noch zu stehlen).

Die einzelnen Sätze sollten gut miteinander verbunden sein, damit Zusammenhänge deutlich werden. Dies gelingt beispielsweise durch **Hauptsatz-Nebensatz-Konstruktionen**, die durch **Subjunktionen** *(nachdem, weil, obwohl usw.)* verbunden sind. Etwas knapper lassen sich Zusammenhänge durch Präpositionen *(nach, wegen, trotz, mithilfe von usw.)* herstellen. Auch durch **Relativsätze** (Enaiat, *der nicht ausgebeutet werden möchte, ...*), durch **erweiterte Infinitive** *(Um nicht von der Polizei erwischt zu werden, müssen sie ....)* oder durch die unterschiedlichsten Formen von **Verweisen** *(dies, dadurch, dabei, hiermit usw.)* lassen sich Sätze miteinander verknüpfen. Passgenau verbunden werden die einzelnen Sätze schließlich durch eine **Variation des Satzbauplans**, die Bedeutungsschwerpunkte setzt *(Durch diese innere Haltung gelingt es Enaiat schließlich ...)*.

Das vorgeschriebene Tempus ist das **Präsens** und für Vorzeitigkeit das **Perfekt** *(Nachdem er sich von seinen Freunden getrennt hat, setzt Enaiat seine Flucht alleine fort.)*.

Der Umfang der Inhaltsangabe hängt davon ab, wie lang der Ausgangstext ist und wie ausführlich informiert werden soll. Eine **knappe Inhaltsangabe** kommt mit etwa fünf Sätzen aus, eine **ausführliche Inhaltsangabe** kann etwas länger sein.

Die Inhaltsangabe sollte gut auf den einleitenden **Basissatz** abgestimmt sein: Während der Basissatz knapp über **Autor, Titel** und die **Thematik** informiert, entfaltet die Inhaltsangabe den Verlauf der Handlung.

Ob du Ort und Zeit der Handlung bereits im Basissatz oder erst in der Inhaltsangabe erwähnst, ist vom jeweiligen Werk und von den Vorgaben des Lehrers abhängig.

A 3 Formuliere nun eine knappe Inhaltsangabe in etwa fünf Sätzen.

A 4 Meist empfiehlt es sich, der Inhaltsangabe einen Basissatz voranzustellen. Lies dir den Merkkasten zum Basissatz sorgfältig durch, unterstreiche das Wesentliche und präge dir dieses Methodenwissen auch für andere Lektüren ein.

Methodenwissen: Basissatz

Der Basissatz fasst die wesentlichen Informationen in einem Satz zusammen. Er gibt dem Leser eine erste Orientierung, worum es überhaupt geht und bildet so die Grundlage (Basis!) für das weitere Vorgehen.

Sind die zentralen Themen erkannt, so lässt sich ein **Basissatz** formulieren, der die wesentlichen Informationen enthält:

- **Wer hat den Roman verfasst?** (mit Lebensdaten des Autors)
- Wie lautet der genaue **Titel** und der **Untertitel**? (in Anführungszeichen!)
- **Wann** ist der Roman geschrieben, erschienen, übersetzt oder prämiert worden?
- Um was für eine **Gattung** (Roman, Reisebericht, Jugendbuch ...) handelt es sich?
- Was ist **das zentrale Thema** bzw. was sind **die wichtigsten Themen**?

Die Struktur des Basissatzes hängt stark vom verwendeten Verb ab; hierzu drei Beispiele:

- ***Der** 2010 erschienene **Erlebnisroman** „Im Meer schwimmen Krokodile“ von Fabio Geda (geb. 1972), der auf der „wahren Geschichte“ des Enaiat Akbari beruht, **handelt von** ...*
- ***In** Fabio Gedas **Jugendbuch** „Im Meer schwimmen Krokodile“, das 2012 von Christiane Burkhardt ins Deutsche übersetzt wurde, **geht es um** ...*
- ***Der italienische Schriftsteller Fabio Geda** (*1972) **lässt** in seinem in viele Sprachen übersetzten Bestsellerroman „Im Meer schwimmen Krokodile“ (2010) den afghanischen Flüchtlingsjungen Enaiatollah Akbari von seiner Odyssee durch sechs Länder erzählen; dabei **wird thematisiert** ...*

Wie bei der Inhaltsangabe wird der Stil der Vorlage nicht übernommen, es wird auch – von Titel und Untertitel abgesehen – nicht zitiert; vielmehr wird in eigenen Worten formuliert. Das Tempus der Inhaltsangabe ist das **Präsens**.

Mit „Basis-**Satz**“ ist nicht gemeint, dass sein Inhalt in einen einzigen Satz gepresst werden muss. Manchmal wird das Gemeinte verständlicher, wenn zwei Sätze dafür verwendet werden.

A 5 Alphabetisch aufgelistet findest du hier einige Schlagworte. Doch welche Themen werden in Gedas Jugendbuch wirklich ausführlich behandelt? Diskutiert in der Klasse, welche zwei oder drei Themen im Roman eine zentrale Rolle spielen und streicht die anderen Schlagworte durch.

Themenliste: Afghanistan – Angst – Asyl – Ausbeutung – Familie – Flucht – Freunde – Gefahren – Griechenland – Hilfsbereitschaft – Illegale – Iran – Italien – Krankheit – Krokodile – Menschlichkeit – Migration – Mittelmeer – Mutter – Pakistan – Polizei – Regeln – Schikanen – Schlauchboot – Schlepper – Sohn – Taliban – Tod – Türkei

A 6 Sprachlich lassen sich Rangfolgen durch Wendungen wie ***vor allem, besonders, vielmehr*** oder ***nicht nur ..., sondern auch ...*** zum Ausdruck bringen. Formuliere die ersten drei Themen deiner Prioritätenliste mithilfe solcher Wendungen in einem Satz.

Im Roman geht es nicht nur um ______________________________,

sondern auch um ______________________________.

A 7 Doch wie können Basissatz und Inhaltsangabe sich gegenseitig ergänzen? Dies kannst du nun ausprobieren, indem du die Satzteile zwischen dem ersten und dem letzten Satz in einer sinnvollen Reihenfolge miteinander verbindest. Hast du die richtige Reihenfolge gefunden, ergibt sich durch die Kennbuchstaben der zweite Teil eines Zitats aus dem dritten Kapitel, in dem von Filfil die Rede ist.

Enaiat Akbari, 2011

(P) In seiner „wahren Geschichte" erzählt Enaiat Akbari,
(E) Nachdem die Taliban Enaiats Schule geschlossen haben,
(R) wie er sich – als Zehnjähriger von seiner Mutter verlassen –
(I) An diesem Schicksal zeigt Fabio Geda (geb. 1972)
(S) Während seiner langen Flucht muss sich der Junge
(I) dank seiner Willensstärke tatsächlich,
(O) auf den Weg nach Europa machen muss,
(B) um der drohenden Versklavung in Afghanistan zu entgehen.
(I) und wie Freundschaft und Mitmenschlichkeit Leben retten können.
(E) in seinem 2010 erschienenen Bestseller-Roman
(H) Auf dieser Odyssee gerät auch Enaiat mehrfach in Lebensgefahr.
(I) Seinem Asylantrag wird allerdings erst stattgegeben,
(R) „Im Meer schwimmen Krokodile" (übersetzt von C. Burkhardt),
(L) warum Menschen weltweit aus ihrer Heimat fliehen müssen
(B) gibt ihm seine Mutter drei einfache Verhaltensregeln sowie
(S) als er mithilfe einer Zeitungsmeldung nachweisen kann,
(R) mit auf den Weg ins Ungewisse.
(W) Trotz unsäglicher Strapazen und Schikanen schafft es ihr Sohn
(E) über Pakistan, den Iran und die Türkei nach Europa zu gelangen.
(E) den Auftrag, nach einem lebenswerten Dasein zu streben,
(C) durch unterbezahlte Arbeit das Geld für die Schlepper verdienen.
(R) entwickelt er jedoch, ohne jemals zu jammern,
(A) Durch geschickte Anpassung an die jeweilige Situation
(E) er lernt Italienisch und holt den versäumten Schulbesuch nach.
(F) Überlebensstrategien, die es ihm ermöglichen,
(I) In Italien genießt er schließlich die Gastfreundschaft einer Familie,
(S) im richtigen Augenblick kluge Entscheidungen zu treffen.
(T) dass er in seinem Herkunftsland durch Terror gefährdet wäre.

_ _ _ _ _ _ _ _ _ _ _ _ _ _ _ _ , _ _ _ _ _ _ _ _ _ _ _ _ _ _ _ _ .

Trage hier die einzelnen Kennbuchstaben ein und vervollständige das Zitat.

b) Figuren charakterisieren

Im Gegensatz zu den meisten Jugendbüchern und Romanen ist es nicht ganz einfach, die Figuren in den „Krokodilen" zu charakterisieren. Denn der Protagonist erzählt von sich selbst, nur ab und zu unterbrochen von Fabio Gedas Fragen. Bei der Charakterisierung von Enaiat sind wir also weitgehend auf seine Selbstcharakterisierung – und seine Wahrhaftigkeit! – angewiesen. Von Enaiats Lehrer können die wichtigsten Charakterzüge herausgearbeitet werden. Seine Mutter kommt dagegen nur im ersten und letzten Kapitel vor, daher bleibt ihre Charakterisierung auf eine Charakterskizze reduziert – mit Spielraum für Deutungen.

A 1 Doch warum ist immer von Figuren die Rede, nicht von Personen? Lies den Merkkasten und beantworte die Frage, ob Enaiat in deiner Wahrnehmung eher Figur oder Person ist.

In literarischen Werken sprechen wir von **Figuren**, um diese fiktiven Gestalten von Personen aus unserer Lebenswirklichkeit zu unterscheiden. Der Begriff **Protagonist** meint – im Gegensatz zu Nebenrollen oder Nebenfiguren – die Hauptfigur. Enaiatollah Akbari wird erst im Untertitel (der Original-Ausgabe) als **Titelfigur** zum Protagonisten der „wahren Geschichte". Da Enaiat keine Gegenspieler hat, wird der Fachbegriff **Antagonist** nicht benötigt. Da es sich um eine wahre Geschichte handelt, ist aber zu bedenken, dass Enaiat, seine Mutter und Fabio Geda zugleich auch Personen im realen Leben sind. Ob Figur oder Person, das hängt also vom Grad der literarischen Verarbeitung und Gestaltung ab.

Enaiatollah Akbari ist für mich eher eine ... ______________________ , weil ... ______

____

____

Fragenkatalog: Charakterisierung

Um Enaiat treffend zu charakterisieren, müssen wir uns die folgenden Fragen stellen:

- In welchem Lebensabschnitt lernen wir ihn kennen? Wie entwickelt er sich in diesen Jahren?
- Was hat er erlebt, bevor ihn seine Mutter auf die Flucht schickt?
- Welche Werte gibt sie ihm mit auf den Weg? Orientiert er sich an diesen Werten? Welche Werte entwickelt er selbst auf seiner Odyssee?
- Wie geht Enaiat mit den sich ständig ändernden Herausforderungen, mit Ausbeutung, Krankheit und Lebensgefahr um? Wie setzt er sich bei der Arbeit ein?
- Wie geht er mit seinen Gefühlen um? Welche Mentalität entwickelt er?
- Welche Beziehungen prägen ihn? In welchen Situationen entwickelt er Verantwortungsbewusstsein? In welchen Situationen erlebt er Hilfsbereitschaft und Mitmenschlichkeit?
- Welche Bedeutung hat für ihn Schule? Wie lernt er? Wie wichtig ist es für ihn, die Sprache des jeweiligen Landes zu verstehen?

A 2 Sammle in Stichworten einige Charaktereigenschaften, die sich aus diesen Fragen ergeben.

A 3 Doch was muss man für eine Charakterisierung wissen? Lies die Anleitung aufmerksam durch und unterstreiche, was dir bisher nicht bewusst war.

Methodenwissen: Wie schreibt man eine Charakterisierung?

Sollen Figuren charakterisiert werden, so sollte man nicht einfach losschreiben; vielmehr ist eine **Materialsammlung** unerlässlich. Die **Charaktereigenschaften** müssen auf Konzeptpapier **gesammelt** und in einer sinnvollen Reihenfolge gegliedert werden. Und für die Eigenschaften, die die Figur am stärksten prägen, müssen **Zitate** gesammelt werden, damit die Charakterisierung für den Leser überprüfbar ist. Doch was ist bei einer Charakterisierung zu beachten?

Die **Charakterisierung** einer literarischen Figur geht zunächst von den **äußeren Merkmalen** (Alter, Geschlecht, Körperbau, Aussehen, Kleidung ...), dem **sozialen Status** (Halbwaise, Hazara, Flüchtling, „Illegaler", schulische Bildung, Gruppenzugehörigkeit ...) und von der **Religionszugehörigkeit** (Muslim, Schiit, Christ, ...) aus. Dann konzentriert sich die Charakterisierung auf die **inneren Merkmale**, die eine Figur prägen und kennzeichnen, also die **Charaktereigenschaften**.

Aufmerksam muss man das **Verhalten** der Figuren beobachten: Wer sich wie Enaiat auch in widrigsten Lebensbedingungen zurechtfindet, zeigt ein hohes Maß an Anpassungsfähigkeit und Pragmatismus. Wer vor Gefahren nicht zurückschreckt, stellt Mut und Zuversicht unter Beweis.

Auch **Motive, Werte** und **Ziele** eines Menschen lassen auf Charaktereigenschaften schließen. Wer weder schikaniert noch ausgebeutet werden möchte, zeigt, dass er Sinn für Menschenwürde und Gerechtigkeit hat.

Wenn Figuren in direkter Rede zu Wort kommen, ist genau auf die **Äußerungen** zu achten, denn mitunter offenbart sich dabei eine Charaktereigenschaft. Wenn sich Enaiat mit „Hühnerfutter" (S. 32) vergleicht, so lässt dies auf sein Unterlegenheitsgefühl schließen; wenn seine Einschätzung aber durch das Motto „Sag nicht die Chilischote ist klein, probier lieber, wie scharf sie ist." (S. 5/79) relativiert wird, so scheint in „Filfil" mehr zu stecken als auf den ersten Blick vermutet.

Aufschlussreich sind auch die **Beziehungen zu anderen Personen**, denn viele Charaktereigenschaften spiegeln sich in den Beziehungen (bzw. in den fehlenden) zu anderen Menschen wider. Manchmal wird eine Figur durch eine andere charakterisiert; zuweilen kommt es sogar vor, dass sich eine Figur selbst charakterisiert. Solche **Selbst- und Fremdcharakterisierungen** sind zwar hilfreich, sie müssen aber auf inhaltliche Stimmigkeit überprüft werden.

Die Charakteristik ist mehr als die Auflistung einzelner Eigenschaften. Es ist das **Gesamtbild** einer Figur, das während der Lektüre allmählich entsteht, indem der Leser verschiedene Textstellen kombiniert, manches, was „zwischen den Zeilen steht", herausliest und deutet.

A 4 Charakterisiere nun Enaiat. Da seine Äußerungen im nächsten Kapitel ausführlich behandelt und gedeutet werden, kann hier vorerst auf Zitate verzichtet werden.

A 5 Im Folgenden haben Schüler in Gruppenarbeit versucht, Enaiats Lehrer zu charakterisieren. Lies aufmerksam die kurze Charakteristik und überprüfe, wie das Zitat eingeleitet und ausgewertet wird. Unterstreiche die deiner Meinung nach zutreffenden Charaktereigenschaften mit Grün; markiere Formulierungen, die du so nicht verwenden würdest, mit Rot.

Enaiats Lehrer unterrichtet Mathematik und Literatur in der einfachen Dorfschule in Nawa. Da er Zehnjährige auf einen Poesiewettbewerb vorbereitet, scheint er Literatur zu schätzen. Seine Kleidung ist unauffällig, sein Auftreten bescheiden. Er hat eine ruhige Stimme und ein schüchternes Lächeln. Der Pädagoge zeichnet sich aber durch schöne Augen aus, denen nichts entgeht. So wie von Enaiat beschrieben, scheint er seine Schüler zu mögen. Obwohl er zurückhaltend ist, beweist er Mut, als er dem bewaffneten Taliban, der die Schließung der Schule fordert, mit klugen Argumenten entgegentritt und es wagt, ihm zu widersprechen. Als der Bewaffnete vorgibt zu wissen, wie man Gott am besten dient, gelingt es dem Lehrer, ihn mit fünf Worten argumentativ zu entwaffnen:

„Wir lehren hier auch Demut." (S. 25 / 21)

Sein Argument ist treffend, weil dies die Tugend ist, die sich der Taliban angeblich wünscht. Und es ist glaubwürdig, weil der Lehrer in seinem bescheidenen Auftreten eben diese Tugend verkörpert. Bevor er erschossen wird, zeigt er innere Würde. Im Gegensatz zum Rektor, der weint und sich hin- und herwindet, wirkt er gefasst, sein Blick ist nach innen gerichtet und er hat die innere Größe, sich von seinen „lieben Jungen" zu verabschieden. Dieser sympathische Lehrer bleibt im Bewusstsein: Als Enaiat vor den Kalaschnikows der iranischen Polizei flieht, kommt ihm dessen Güte in den Sinn; auch seine Sehnsucht nach Schule ist von diesem Lehrervorbild geprägt.

A 6 Charakterisiere nun Enaiats Mutter, indem du mindestens ein treffendes Zitat verwendest.

8) Genauer hinschauen: Schlüsselzitate interpretieren

Bei der Lektüre von Enaiats „wahrer Geschichte" gibt es Passagen, die wir nur „überfliegen". Bei anderen Textstellen dagegen halten wir inne, um intensiver nachzudenken, weil sie von Bedeutung zu sein scheinen für die Charakterisierung einer Figur, für das Verständnis des gesamten Romans oder weil sie eine besondere Botschaft an den Leser enthalten. Solche Stellen verwenden wir, um damit unsere Interpretation abzusichern. Zitate, die zentrale Botschaften vermitteln, nennen wir **Schlüsselzitate**. Diese Textstellen enthalten verschlüsselte Aussagen, die durch Erklärung, Deutung und Interpretation erst noch entschlüsselt werden müssen.

Im Aufsatz empfiehlt es sich, mithilfe einer **Einleitung** zunächst zum Zitat hinzuführen. Das Schlüsselzitat selbst ist durch Anführungszeichen, Einrückung und Beleg in Klammern als **Zitat** kenntlich gemacht. Abschließend wird das Zitat in einer **Auswertung** erklärt, in einzelnen Schritten gedeutet und abschließend interpretiert. Dieser Dreischritt von Einleitung – Zitat – Auswertung wird hier an einem konkreten Zitat veranschaulicht:

Beispiel:

Im ersten Kapitel schildert der Erzähler, wie der Lehrer vor der versammelten Schülerschaft erschossen wird. Das hat Konsequenzen für Enaiats weiteres Leben. Wer Lehrer erschießt, die Hazara unterrichten, ist auch eine Bedrohung für die Schüler. Nach der Tötung seines Vaters ist dies nun der Anlass für seine Mutter, Enaiat auf die Flucht zu schicken. Mit der Schließung der Dorfschule von Nawa endet aber auch für lange Zeit Enaiats Schulzeit, sodass er bedauernd resümiert:

> *„Von jenem Tag an war die Schule geschlossen. Aber das Leben ohne Schule ist grau und langweilig wie Asche."* (S. 26 / 22)[1]

Für den Zehnjährigen bedeutet das mehr, als man sich vorstellen kann. Schule war für ihn bis zur Erschießung seines Lehrers ein Ort der Sicherheit. Während er sich in Nawa öfters vor den Taliban verstecken musste, fühlte er sich in der Schule sicher. Denn eine Schule für Hazara bedeutete, dass ihnen das Recht auf Bildung, damit auch auf Zukunft und Leben, zugesprochen wurde. Dies wird ihm und seinen Klassenkameraden nun aberkannt. Gleichzeitig wird den Jungen ein Versammlungsort für Lernen, für Gedankenaustausch und für das gemeinsame Spielen entzogen. Das macht das Leben ohne Schule so „langweilig". Nachdem Enaiat durch den Fanatismus der Taliban bereits den Vater verloren hat, verliert er nun mit seinem Lehrer auch ein wichtiges Vorbild für sein Leben, seinen Vaterersatz. Das macht das Leben „grau". Der Vergleich mit der „Asche" ist von Enaiat gut gewählt. Denn Asche steht auch für den Tod. In diese Richtung weist auch ein Wortspiel der Taliban, in dem sie alle Hazara nach „Goristan" schicken wollen: Da Gor Grab bedeutet, ist dies eine Anspielung darauf, dass die Taliban den Hazara den Tod wünschen. Schule ist von daher für Enaiat mehr als nur Bildung: Es ist für ihn Leben, Zukunft und Chancengleichheit. Anders lässt sich Enaiats Sehnsucht nach Schule nicht erklären, der in Quetta (vgl. S. 36 f. / 29) von der Schule angezogen wird, der sich auf seiner Odyssee immer wieder nach Schule sehnt.

[1] Du musst normalerweise natürlich nur eine Ausgabe zitieren.

A 1 Das Beispiel verdeutlicht den inneren Zusammenhang von Lektüre, Zitat und Interpretation. Doch was heißt „Interpretieren“ genau? Lies den Info-Kasten zur Interpretation und zur korrekten Zitierweise. Unterstreiche, was dir bisher noch nicht so bewusst gewesen ist.

Methodenwissen: Interpretieren und genaues Zitieren

Unter „**Interpretation**“ versteht man die Erklärung, Deutung oder Auslegung eines Textes. Dabei bezieht sich der Begriff auf zweierlei: auf den Vorgang des Interpretierens sowie auf das Ergebnis dieses Verstehensprozesses in schriftlicher Form, also den Interpretationsaufsatz.

Interpretiert werden können alle literarischen Texte, neben Gedichten und Theaterstücken also auch Romane. Literatur muss sogar interpretiert werden, weil sie selten ganz eindeutig ist, meist bietet sie mehrere Deutungen und öffnet so einen Spielraum für unterschiedliche Möglichkeiten des Verstehens. Im Gegensatz zum naiven Verstehen macht Interpretation durch Analyse und Reflexion, durch verständliche Erklärungen und nachvollziehbare Belege das Urteil für den Leser nachvollziehbar.

Interpretation bezieht sich auf die Bedeutung eines Textes und damit auf die (vermutete) Absicht des Autors. Interpretation fragt nach dem Sinn eines Textes, will also wissen, was hinter den Worten oder „zwischen den Zeilen steht“. Interpretation heißt erklären, was nicht ausdrücklich formuliert ist. Bei der Interpretation wird nicht einfach wiederholt, was im Text steht, sondern erklärt, was mit dem Text gemeint ist.

Um zu einem möglichst plausiblen Ergebnis zu gelangen, kann der Interpret auch die Biografie des Autors, historische, politische und soziale Hintergründe des Handlungsgeschehens oder psychologische Erklärungen für Motive des Handelns heranziehen. Vor allem sollte aber bedacht werden, in welchem Zusammenhang (Kontext) das Zitat steht.

Zitieren heißt: wörtlich aus dem Original wiedergeben. Dies erkennt man an den Anführungszeichen („...“) und an dem Beleg (dem Hinweis, auf welcher Seite das Zitierte überprüft werden kann).

Zitate können in Klammern hinter der Interpretation stehen oder harmonisch in den interpretierenden Satz eingefügt werden. Schlüsselzitate sollten dagegen durch Einrückung optisch hervorgehoben werden.

Warum wird eigentlich zitiert? Setzt man sich intensiv mit dem Text auseinander, so muss man vom genauen Wortlaut ausgehen; die Interpretation läuft sonst Gefahr, sich zu verselbständigen – mit dem Risiko einer Fehlinterpretation. Außerdem sollte die Interpretation im Deutschaufsatz für den Leser nachvollziehbar und überprüfbar sein: Wie gelangt der Aufsatzschreiber überhaupt zu seiner Interpretation? Und auf welche Textstellen stützt er sich bei seinem Urteil? Das Zitieren sichert also das eigene Textverständnis ab und trägt dazu bei, die eigene Interpretation überzeugend zu vermitteln. Damit dies gelingt, sollten die folgenden **Merkmale** beim Zitieren zutreffen. Zitate sollten demnach sein:

- als Zitat erkennbar und nachprüfbar (Anführungszeichen / Beleg)
- genau (Kürzungen sind möglich, müssen aber durch Auslassungszeichen kenntlich gemacht werden; Angleichungen in Deklination oder Konjugation werden durch Klammern gekennzeichnet.)
- wahr (stimmig, weder verfälscht noch aus dem Zusammenhang gerissen)
- treffend (im Einklang mit Einleitung und Auswertung sowie Aussageabsicht)
- leserfreundlich (verständlich, anschaulich und nachvollziehbar)

A 2 Wähle nun eines der folgenden Zitate aus. Zu welchem dieser Zitate könntest du eine kurze Einleitung und eine etwas ausführlichere Auswertung schreiben?

- O „Drei Dinge darfst du nie im Leben tun, Enaiat jan, niemals, versprich es mir. Erstens: Drogen nehmen. [...] Zweitens: Waffen benutzen. [...] Drittens: Stehlen. [...] Versprochen." (S. 7 f. / 7 f.)
- O „Viele halten alle Afghanen für Taliban, aber das stimmt nicht. Es gibt Taliban, die Afghanen sind, das schon, aber es gibt auch andere: Das sind Analphabeten. Ungebildete Analphabeten aus der ganzen Welt, die verhindern, dass Kinder etwas lernen dürfen. Ganz einfach weil sie befürchten, jemand könnte merken, dass sie gar nicht im Namen Gottes handeln, sondern nur in ihrem eigenen Namen." (S. 27 / 22 f.)
- O „Erstens bin ich ein Schiit, und zweitens ein Muslim. Besser gesagt, erstens bin ich ein Hazara, zweitens ein Schiit und drittens ein Muslim." (S. 50 f. / 40)
- O „Sie hatten mir den Spitznamen Filfil gegeben, ‚Chilischote'. Der Ladenbesitzer, bei dem ich ab und zu einkaufte und Eis holte, sagte immer: ‚Sag nicht, die Chilischote sei klein. Probier lieber, wie scharf sie ist.'" (S. 79 / 62)
- O „Ich brachte dem Jungen das Wasser und fühlte mich gut dabei, weil es mich ein Stück weit wieder zu einem Menschen machte." (S. 119 / 92)
- O „Hussein Ali versteifte sich. Deswegen habe ich ja Angst vor Krokodilen. Aber es gibt gar keine, kapiert? Es. Gibt. Keine. Krokodile leben in Flüssen. Da wäre ich mir nicht so sicher, flüsterte Hussein Ali und schaute aufs Wasser hinaus. In dieser Dunkelheit, sagte er, während er nach einem Stein trat, kann sich alles Mögliche verstecken." (S. 129 f. / 100)
- O „Der Tod kommt einem sehr weit weg vor, auch wenn er gar nicht mehr so weit entfernt ist. Man glaubt, ihn überlisten zu können." (S. 130 / 100)
- O „Deshalb gab es überall großen Bedarf an Schwarzarbeitern, und damit man sich nicht vor der ganzen Welt blamierte, wurden sie sogar von der Polizei in Ruhe gelassen. Manchmal sind Migranten die reinste Geheimwaffe." (S. 156 f. / 119 f.)
- O „Wer sich um andere kümmern will, muss erst einmal selbst mit sich im Reinen sein. Wie kann man lieben, wenn man sein eigenes Leben nicht liebt?" (S. 185 / 142)

A 3 Schreibe nun die **Einleitung** zu deinem Zitat. Sie informiert, in welchem Zusammenhang das Zitat steht, von wem die Äußerung stammt und welcher Sprechakt (etwa: kritisieren, rechtfertigen, fordern, ablehnen, warnen, zum Ausdruck bringen) zugrunde liegt. Mit einem Doppelpunkt führt die Einleitung direkt zum Zitat hin.

A 4 Schreibe nun die **Auswertung** zu deinem Zitat. Diese erklärt oder erläutert das Zitat, sie deutet einzelne Wörter und interpretiert das Zitat in seinem Zusammenhang: Was ist gemeint? Lässt sich von dem Zitat auf die Absicht, die Meinung oder die Charaktereigenschaft einer Figur schließen? Verbirgt sich hinter dem Zitat die Botschaft des Autors? Durch die Auswertung des Zitats versucht der Aufsatzschreiber den Leser von seiner Interpretation zu überzeugen.

9. Wie ein Bestseller entsteht

a) Auf den Spuren von Fabio Geda

Die Fakten zum Autor, der am 1. März 1972 in Turin geboren wurde, sind rasch zusammengefasst: **Fabio Geda** ist sozial und kulturell fest mit seiner Geburtsstadt, die im Nordwesten Italiens, im Piemont liegt, verwurzelt. Nach seinem Studium der Kommunikationswissenschaften arbeitete er über zehn Jahre lang als Lehrer im sozialen Bereich. Aufgrund dieser Erfahrungen griff er als Schriftsteller und Journalist (u. a. bei „La Stampa") pädagogische, psychologische und soziale Themen auf, die ihm in der viertgrößten Stadt Italiens begegnet waren.
Sein erster Roman „Per il resto del viaggio ho sparato agli indiani" (2007) handelt von einem dreizehnjährigen Rumänen, der illegal in Italien lebt und sich schließlich auf der Suche nach seinem Vater und nach seinem Großvater bis nach Berlin durchschlägt. Sein zweiter Roman „L'esatta sequenza dei gesti." (2008) erzählt die Lebensgeschichten zweier minderjähriger Heimbewohner und ihrer Erzieher.
Bei einer seiner Lesungen lernte Geda Enaiat kennen und ließ sich über neun Monate lang von dessen Flucht erzählen, bevor er Enaiats „wahre Geschichte" 2010 unter dem Titel „Nel mare ci sono i coccodrilli" veröffentlichte, die in der Folge rasch zu einem internationalen Bestseller wurde.
Nach seinem Durchbruch als Schriftsteller wurden auch sein Debütroman unter dem Titel „Emils wundersame Reise" (2012) und ein weiterer Roman unter dem Titel „Der Sommer am Ende des Jahrhunderts" (2015) von Christiane Burkhardt ins Deutsche übersetzt.

A 1 Recherchiere zu Fabio Geda im Internet: Was hat er über die genannten Titel hinaus veröffentlicht, was hat er in Interviews über sein Verständnis als Schriftsteller formuliert? Was sind seine Themen, was sind seine Botschaften?

„Darf ich erzählen, wie die Taliban meine Schule geschlossen haben, Fabio?
Natürlich.
Interessiert dich das?
Mich interessiert alles, Enaiatollah." (S. 23 / 19)

A 2 Analysiere an diesem und weiteren ausgewählten Dialogen, wie Fabio Geda mit Enaiat arbeitet. Wie ermutigt Geda als Kommunikationswissenschaftler zum genauen Erzählen? Nimmt er sein Gegenüber ernst? Gibt er Denkanstöße?

b) Was ist aus Enaiatollah Akbari geworden?

Wie wir gesehen haben, ist Enaiat eine literarische Figur, zugleich aber auch eine reale Person, die Unvorstellbares erlebt hat, was in einem Roman festgehalten wurde. Enaiats Geburtsdatum wurde von den Behörden auf den 1. September 1989 festgelegt und sein Name bedeutet „Gottesgeschenk“. Die wesentlichen Fakten von seiner Kindheit in Nawa bis zur Anerkennung seines Asylantrags in Italien sind verbürgt. Da er sich dort aufgrund der erlebten Hilfsbereitschaft und Gastfreundlichkeit wie „im Paradies“ (S. 166 f. /128) fühlte, blieb er in dem Land, dessen Sprache er inzwischen flüssig spricht und in dem er seinen Schulabschluss machte, um studieren zu können.

A 1 Doch was ist aus seiner Mutter und seinen Geschwistern geworden? Wo lebt Enaiat nach der Veröffentlichung seiner Geschichte, was macht er und vor allem: Was denkt er? Glücklicherweise hat sein Leben im Internet deutliche Spuren hinterlassen, die du recherchieren kannst: von Wikipedia bis zu YouTube, von Filmtrailern seiner Flucht und zahlreichen Fotos über Fernseh-Interviews bis hin zum Song „Nel mare ci sono i coccodrilli“, den der italienische Sänger Braschi 2017 in San Remo vorgestellt hat. Halte in Stichworten fest, was dir wissenswert erscheint. Achte dabei auch auf Enaiats Auftreten in der Öffentlichkeit. Ist es nachvollziehbar, dass er sich heute nicht mehr als „ein Opfer“ fühlt? Viel Spaß bei deiner Internet-Recherche!

A 2 Enaiats Flucht nach Italien, die sich über fünf Jahre und etwa 10 000 Kilometer erstreckt hat, wird mitunter als Odyssee bezeichnet. Lies nach oder recherchiere, was der Held dieses Epos, Odysseus, erlebt hat und nimm begründet Stellung, ob der Begriff auch auf Enaiat zutrifft.

Die **Odyssee** wird dem griechischen Dichter Homer (vermutlich 8. Jh. vor Chr.) zugeschrieben und hatte neben der Ilias, der dichterischen Darstellung des Kampfes gegen Troja, großen Einfluss auf die Literatur und auf das Denken der Menschen. Das umfangreiche Epos spielt nach dem Trojanischen Krieg und schildert die zumeist lebensgefährlichen Abenteuer des Königs Odysseus von Ithaka. Auf seiner Heimreise muss sich Odysseus immer wieder verstellen oder andere Listen anwenden, um angesichts scheinbar übermächtiger Gegner zu überleben und schließlich seine Heimat zu erreichen. In vielen Sprachen ist „Odyssee“ ein Synonym für eine lange Irrfahrt.

„Keine Ahnung, wie ich das geschafft hatte, aber auch ich war noch am Leben.“ (S. 187 / 143)

A 3 Mit dieser Feststellung endet zwar die Geschichte, aber das Leben geht weiter. Reizvoll ist es nun, Enaiats Geschichte in der Fantasie weiterzuspinnen. Was könnte aus einem Menschen werden, der so viel durchgemacht hat? Wird er nach Afghanistan zurückgehen oder eher in Italien bleiben? Wem wird er die Regeln seiner Mutter vermitteln? Gestalte Enaiats Zukunft aus. Halte dies schriftlich in deinem Heft fest oder erzählt euch gegenseitig eure Vermutungen.

c) Vom kritischen Umgang mit Rezensionen

Kann man sich im Buchgeschäft nicht so recht zwischen mehreren Titeln entscheiden, hilft mitunter ein Blick auf den Klappentext oder auf die Empfehlungen, die auf dem hinteren Buchcover zu lesen sind. Oder besser noch: Man liest mal in den Text „hinein", macht also eine Leseprobe.

„Ich habe einfach nicht damit gerechnet, dass sie wirklich weggeht." (S. 7 / 7)

A 1 Probiere dies doch gleich einmal an dem Buch aus, bei dem wir dich begleitet haben. Hätte dich dieser Satz von S. 7 neugierig gemacht aufs Weiterlesen und schließlich zum Kauf des Buches verführt? Hätte dich das Motto (S. 5 / 5) oder der Klappentext (btb: S. 2) angesprochen? Oder hätten dich die werbewirksamen Ausschnitte aus Rezensionen (btb: Cover hinten) zum Kauf bewegt? Vergleiche diese Texte und nimm Stellung, ob sie wirklich halten, was sie versprechen.

A 2 Ein anderer Weg, um zu einer klugen Kaufentscheidung zu gelangen, ist, sich in Rezensionen über das vielfältige Angebot zu informieren. Doch was versteht man genau unter einer Rezension? Unterstreiche, was du bisher nicht gewusst hast.

Allgemein versteht man unter einer **Rezension** eine öffentliche Besprechung und Bewertung von Büchern, Filmen, Theateraufführungen oder Konzerten, aber auch von anderen Kunstwerken (sogar von Gebrauchsgegenständen). Selbst wenn sie von Fachleuten verfasst werden, sind sie doch immer auch subjektiv und spiegeln den persönlichen Geschmack des Rezensenten wider. Buchrezensionen werden oft kurz nach dem Erscheinen in Zeitungen und Zeitschriften gedruckt (zumeist im Feuilleton) bzw. über Radio, Fernsehen oder Internet veröffentlicht. Buchrezensionen sind ein wichtiges Element der Literaturkritik; dabei werden in der Regel nicht nur die Inhalte, sondern auch die Erzähltechnik und der Schreibstil beschrieben, analysiert und kritisch bewertet – vom überschwänglichen Lob bis zum Totalverriss ist alles möglich.

A 3 Beim Vergleich erkennt man, wie unterschiedlich Rezensionen ausfallen können. Unterstreiche daher in der folgenden die Aussagen und Wertungen, mit denen du übereinstimmst mit Grün – und mit Rot, was du ganz anders bewertest.

Das Bedürfnis, zu atmen *von Behrang Samsami*

[...] „Wie kann man so mir nichts, dir nichts sein Leben ändern, Enaiat? Sich an einem ganz normalen Vormittag von allem verabschieden? – Man tut es einfach, Fabio, und denkt nicht weiter darüber nach. Der Wunsch auszuwandern entspringt dem Bedürfnis, frei atmen zu können. Die Hoffnung auf ein besseres Leben ist stärker als alles andere. Meine Mutter zum Beispiel wusste, dass ich ohne sie in Gefahr bin. Aber dafür war ich unterwegs in eine andere Zukunft. Und das war besser, als in ihrem Beisein stets in Gefahr zu sein und ständig in Angst leben zu müssen."

Dieser kurze Dialog zwischen Fabio Geda und Enaiatollah Akbari ist charakteristisch für zwei Sichtweisen, die in den wenigen Gesprächen zwischen beiden aufeinanderprallen und dabei den Erzählfluss [...] unterbrechen. Das Staunen des [...] Autors über die beinahe unglaubliche Fluchtgeschichte seines gut zwanzig Jahre jüngeren Gegenübers verdeutlicht den Standpunkt der Europäer, die meist wenig über die Umstände wissen, die Menschen veranlassen, ihr bisheriges Leben aufzugeben und sich in Europa eine neue Existenz aufzubauen. Enaiats Lebensweg erscheint paradigmatisch (beispielhaft) für solche „zerrissenen" Biografien, die durch Krieg und Revolution, Emigration und Neubeginn geprägt sind. [...] Bereits hier zeigen sich seine besonderen Charakterzüge, ohne die er nicht überleben könnte: Er ist aufgeweckt, ehrlich, unerschrocken und verlässlich. Vor allem aber sind es seine Bodenständigkeit und Nüchternheit, die ihm Ruhe und Kraft geben. Die Erlebnisse, die er auf seine nüchterne Art schildert, lassen einen mitunter sprachlos und mit der Frage zurück, wie er die zahlreichen Extremsituationen so viele Jahre unverarbeitet mit sich tragen kann, ohne daran zu zerbrechen. Es muss sein starker Charakter und dabei vor allem das stete „Bedürfnis, frei atmen zu können" sein, das ihn alle negativen Erfahrungen, das Fehlen von Liebe und Geborgenheit, von genügend Essen und Schlaf, Erziehung und Schule, überwinden lässt. [...]

„Im Meer schwimmen Krokodile" geht aber über die reine Nacherzählung dieses Flüchtlingsschicksals hinaus. Das Buch zeigt eindrucksvoll, weshalb Menschen so langjährige, strapaziöse Wanderungen mit zum Teil traumatischen Erlebnissen auf sich nehmen. Es [...] bietet dem Leser trotz der zahlreichen abenteuerreichen, oft sehr gefährlichen Erlebnisse letztlich ein Happy End. Enaiats glückliche Geschichte ist aber dennoch eine Ausnahme. Denn nicht alle Flüchtlinge schaffen es, Europa zu erreichen. [...] Auch davon erzählt Fabio Gedas dicht geschriebenes und gut in einem Zug zu lesendes Buch. So nachdenklich es auch macht, dass man immer wieder innehalten muss, zuletzt bietet es dennoch Trost und Hoffnung – und zwar durch die Güte der Menschen, die sich wiederholt bereit erklärten, Enaiat bei sich aufzunehmen und zu versorgen, ihm Mut zu machen und es ihm auf diese Art zu ermöglichen, seinen Weg fortzusetzen.

Zwei Welten in meinem Herzen *von Paul Badde*

[...] Zusammen haben sie ein atemberaubendes Buch hervorgebracht. [...] „Im Meer schwimmen Krokodile" heißt ihre Geschichte, deren Titel den kleinen Eni mit einem Nachthemd und seinem Köfferchen auf dem Kopf eines schwimmenden Krokodils zeigt. Sein Märchen ist authentisch, ein Sachbuch, tief und ungeheuer reich [...] Geda und Enaiatollah haben ein universales Thema angeschlagen. Gerade nimmt die BBC die Geschichte in Dari auf, der Muttersprache Enaiatollahs, um es über Radio in seiner Heimatsprache auszustrahlen. Dann werden auch seine Mutter, seine Verwandten und seine Feinde, die Taliban, seine Geschichte hören können. [...]

Enaiatollah bekommt Nasenbluten. „Mit dem Blut flossen sämtliche Erschöpfung, der Wüstensand, der Straßenstaub, der Schnee aus den Bergen, das Salz des Meeres, der Löschkalk aus Isfahan, die Steine von Qom und der Kloakenschlamm aus Quetta aus mir heraus. Als ich aufhörte zu bluten, ging es mir so gut wie noch nie in meinem Leben. Ich trocknete mir das Gesicht ab." Das Ende der Abenteuer war es noch nicht. Als Marco und Danila, ein Ehepaar aus Turin, den Kleinen schließlich bei sich aufgenommen hatten, traf er vor vier Jahren auf Fabio Geda. Dieser hatte sich für Immigranten engagiert, bevor er zu schreiben begonnen hatte. Er traf Enaiatollah bei einer Lesung, zwei Jahre später fingen sie mit der Arbeit an, zuerst mit Gesprächen, bis Fabio Geda die Antworten aufzeichnete. Wie lange hat das Ganze gedauert? „Neun Monate", sagt Fabio Geda. „Eine Schwangerschaft lang", lacht Enaiatollah, der jetzt kein Kleiner mehr ist, sondern ein junger Mann mit enormem Bildungshunger und „zwei Welten in seinem Herzen". Jetzt möchte er nicht mehr aufhören, zu lernen und zu studieren. Recht, Literatur, Geschichte, Psychologie, in dieser Reihenfolge.

„Was weiß man groß von der Welt, wenn man jung ist? Hören und glauben ist da ein und dasselbe", hat er Fabio Geda einmal gesagt. Damit ist es vorbei. Kann er immer noch die Schüsse einer Kalaschnikow von dem Lärm anderer Feuerwaffen unterscheiden? Er nickt. „Kalaschnikows klingen, als würde ich hier eine Flasche auf den Boden werfen", sagt er und zeigt auf die Steinfliesen der Kantine. Nur an seinem melancholischen Blick sieht man ihm die Welt der antiken Härte noch an, aus der er sich an unser Ufer gerettet hat. [...]. Ihr Buch sollte ein Schulbuch werden in Europa, geht es mir durch den Kopf, als das „Gottesgeschenk" aus Afghanistan die Mütze aufsetzt und die Tasche nimmt, um wieder in die Schule zu gehen.

A 4 Schreibe nun eine eigene Rezension, in der du Stellung nimmst zu der Frage, ob Fabio Gedas Roman ein „Schulbuch in Europa" werden sollte.

Enaiat Akbari in Italien, nachdem das Buch von Fabio Geda auf den Markt gekommen war

d) Übersetzungen überprüfen und einschätzen

Wir leben in einer offenen Welt. Daher lesen wir auch Bücher, die nicht auf Deutsch geschrieben sind, sondern in anderen Sprachen. Beherrschen wir diese Sprachen, können wir Bücher im Original lesen. Meist lesen wir aber in der deutschen Übersetzung. Bei dem internationalen Erfolg von Fabio Gedas Bestseller lohnt sich ein Vergleich zwischen dem Original und seinen Übersetzungen. Beginnen wir mit Titel und Untertitel im Original sowie in fünf ausgewählten Sprachen.

A 1 Vergleiche die fremdsprachigen Titel (ggf. mithilfe deren wortwörtlicher Übersetzungen) und unterstreiche sprachliche Unterschiede zwischen den verschiedenen Sprachfassungen. Welche Bedeutungsverschiebungen ergeben sich durch die Ersetzung des Verbs, das Weglassen des Namens, die Veränderung der Artikel, die Einfügung eines Partizips oder die Veränderungen in der Interpunktion?

Nel mare ci sono i coccodrilli. Storia vera di Enaiatollah Akbari
(Wörtlich: Im Meer, da sind die Krokodile. Wahre Geschichte von E. A.)

In the Sea there are Crocodiles: Based on the True Story of Enaiatollah Akbari
(Wörtlich: Im Meer da sind Krokodile: basierend / ruhend auf der wahren Geschichte von E. A.)

Dans la mer il y a des crocodiles. L'histoire vraie d'Enaiatollah Akbari
(Wörtlich: Im Meer gibt es Krokodile. Die wahre Geschichte von E. A.)

En el mar hay cocodrilos. La historia de Enaiatollah Akbari
(Wörtlich: Im Meer gibt es Krokodile. Die Geschichte von E. A.)

Denizde Timsahlar Var. Gerçek Bir Yaşam Öyküsü
(Wörtlich: Im Meer gibt es Krokodile. Eine wirklich erlebte Geschichte)

Im Meer schwimmen Krokodile. Eine wahre Geschichte

Beim Vergleich der Titel fällt mir auf:

Nach der Lektüre des Romans und nach dem Titel-Vergleich würde mir für den deutschen Titel und Untertitel die folgende Formulierung am besten gefallen:

A 2 Gestalte nun auf der folgenden Seite den Buchumschlag neu. Platziere deinen Wunschtitel auf der vorderen Umschlagseite und zeichne dazu eine Illustration, die dir gefällt. Möchtest du das Krokodil-Motiv übernehmen oder ziehst du eine andere Bild-Gestaltung vor? Überlege auch, was auf dem rückseitigen Umschlag stehen könnte: Ein Schlüsselzitat? Deine persönliche Wertung? Ein Klappentext, der zum Lesen einlädt?
Und wie sollte der Titel auf dem Buchrücken gesetzt und gestaltet werden?

Vorderer Umschlag
Rücken
Hinterer Umschlag

Zurück zur Übersetzung: Enaiat hat erst in seiner neuen Heimat Italienisch gelernt. Manche paschtunischen Wörter, also aus seiner Muttersprache, ließen sich nicht leicht ins Italienische übersetzen. Durch Einfühlungsvermögen hat Fabio Geda aus Enaiats Bericht 2010 einen literarischen Text gestaltet. Dieser wurde 2012 von Christiane Burkhardt ins Deutsche übertragen, einer Übersetzerin, die Belletristik und Sachbücher aus dem Englischen, Niederländischen und Italienischen übersetzt.

A 3 Vergleiche am Beispiel des Romanschlusses das Original mit der Übersetzung. Unterstreiche die Stellen, an denen du eine deutliche Abweichung erkennen kannst.

Ho detto: Mamma.
Dall'altra parte non è arrivata nessuna risposta.
Ho ripetuto: Mamma.
E dalla cornetta è uscito solo un respiro, ma lieve, e umido, e salato. Allora ho capito che stava piangendo anche lei. Ci parlavamo per la prima volta dopo otto anni, otto, e quel sale e quei sospiri erano utto quello che un figlio e una madre possono dirsi, dopo tanto tempo. Siamo rimasti così, in silenzio, fino a quando la comunicazione si è interrotta.
In quel momento ho saputo che era ancora viva e forse, lì, mi sono reso conto per la prima volta che lo ero anch'io.
Non so bene come. Ma lo ero anch'io.

Mama, sagte ich.
Am anderen Ende war es still.
Mama, wiederholte ich.
Aus dem Hörer kam nur ein Seufzer, aber ein erleichterter, tränennasser Seufzer. Da begriff ich, dass sie ebenfalls weinte. Nach acht Jahren sprachen wir das erste Mal wieder miteinander, und diese tränennassen Seufzer waren alles, was sich Mutter und Sohn nach so langer Zeit sagen konnten. Wir schwiegen, bis die Verbindung unterbrochen wurde.
Damals erfuhr ich, dass sie noch am Leben war, und begriff vielleicht zum ersten Mal, dass auch ich noch am Leben war.
Keine Ahnung, wie ich das geschafft hatte, aber auch ich war noch am Leben.

Übersetzungshilfen

- ho detto / ripetuto / capito / saputo – ich habe gesagt / wiederholt / verstanden / gewusst oder begriffen
- non è arrivata nessuna risposta – ist keine Antwort (an)gekommen
- è uscito solo un respiro – ist nur ein Seufzer herausgekommen
- ma lieve, e umido, e salato – aber leicht / leise / sanft, und feucht und salzig
- stava piangendo anche lei – auch sie war am Weinen
- ci parlavamo per la prima volta dopo otto anni – wir sprachen uns zum ersten Mal nach acht Jahren
- e quel sale e quei sospiri erano tutto – und dieses Salz und diese Seufzer waren alles
- un figlio e una madre possono dirsi – ein Sohn und eine Mutter können sich sagen
- in quel momento ho saputo – in jenem Augenblick habe ich gewusst /erfahren
- era ancora viva – sie war noch lebendig
- mi sono reso conto – ich bin mir bewusst geworden
- lo ero anch'io – ich war es auch
- non so bene come – ich weiß nicht (gut) wie

A 4 Beurteile nun die Abweichungen von einer wort-wörtlichen Übersetzung. Kreuze an:

○ zu frei ○ akzeptabel ○ gelungen ○ genial ○ ____________________

Interview mit der Übersetzerin Christiane Burkhardt. *Die Fragen stellte Stephan Gora.*

Die „wahre Geschichte" des Enaiat Akbari ist auch international ein Bestseller geworden. Welchen Anteil haben die Übersetzer an diesem Erfolg?

Zunächst einmal den, dass das Buch ohne sie nur Menschen erreicht hätte, die Italienisch können. Ohne Übersetzer gäbe es weder Weltliteratur noch internationale Bestseller, und der Kreis möglicher Leser wäre sehr klein. Die Aufgabe des Übersetzers besteht darin, einen literarischen Text so zu übertragen, dass der Geist des Originals erhalten bleibt. Er muss also nicht nur den reinen Inhalt, sondern auch die Form wiedergeben, die sprachlichen Besonderheiten und die unverwechselbare Melodie eines Textes: Die wahre Geschichte von Enaiat Akbari, aber auch den poetischen Ton, in dem sie erzählt ist, ohne je kitschig oder sentimental zu werden. Und dadurch wird man automatisch zum Mitschöpfer eines Buches.

Welche Eigenarten der deutschen Sprache bereiten beim Übersetzen besondere Probleme?

Im Deutschen gibt es zum Beispiel kein historisches Perfekt wie im Italienischen (Passato remoto) oder Französischen (Passé simple). Wir haben nur Imperfekt oder Perfekt, und da muss man immer gut überlegen, welche Zeit man nimmt.

Welche Überlegungen haben dazu geführt, in den deutschen Titel das Verb „schwimmen" einzufügen und den Untertitel auf „eine wahre Geschichte" zu verkürzen?

Den Titel hat sich der Verlag ausgedacht, da haben wir Übersetzer keinen Einfluss drauf. In diesem Fall lag es bestimmt daran, dass „Im Meer schwimmen Krokodile" im wahrsten Sinne des Wortes „flüssiger" klingt als „Im Meer sind / gibt es Krokodile". Auch „eine wahre Geschichte" ist griffiger als ein Untertitel, der einen langen, schwer auszusprechenden afghanischen Namen enthält.

Konnten Sie sich bei Verständnisschwierigkeiten bei Fabio Geda rückversichern? Und welche Vorgaben mussten für die deutsche Ausgabe berücksichtigt werden?

Ich habe sehr selbstständig gearbeitet und Fabio erst bei einer gemeinsamen Lesereise kennengelernt, als das Buch längst veröffentlicht war. Enger war die Abstimmung mit dem Verlag: Ich, aber auch andere Übersetzer wurden anfangs um eine Probeübersetzung gebeten, und am Ende bekam ich den Auftrag: Vermutlich weil ich auf Anhieb den richtigen Ton getroffen habe. Auf den ersten Seiten war das die Stimme eines kleinen Kindes, aber es sollten auch Märchen aus 1001 Nacht und die Irrfahrten des Odysseus anklingen.

Welche Übersetzungsprobleme ergaben sich bei der emotionalen Schlusspassage?

Wie übersetze ich den „respiro lieve, umido e salato"? Wortwörtlich bedeutet das „leichter, feuchter und salziger Seufzer": Hätte ich das so übernommen, muss man unter Umständen eher an eine volle Windel denken statt daran, dass die Mutter am anderen Ende des Hörers weint. Und dann wird es unfreiwillig komisch. Daher habe ich aus „leicht" „erleichtert" gemacht und aus „feucht und salzig" „tränennass".

Eine persönliche Frage zum Schluss. Zwei Sätze, die mich in Enaiats Geschichte berührt haben, lauten im sechsten Kapitel (S. 185): ***„Aber wer sich um andere kümmern will, muss erst einmal selbst mit sich im Reinen sein. Wie kann man lieben, wenn man sein eigenes Leben nicht liebt?"*** (... ma perché prima di occuparti degli altri devi trovare il modo di stare bene con te stesso. Come fai a dare amore, se non ami la tua vita? – p. 204) ***Ohne Fabio Geda zu nahe treten zu wollen, ich finde Ihre Übersetzung besser als das Original. Können Sie uns erklären, was Sie beim Übersetzen verändert haben?***

Ich weiß nicht, ob sie besser ist, aber sie ist zwangsläufig anders. Umberto Eco hat einmal über das Übersetzen gesagt: „Quasi dasselbe mit anderen Worten." Ich versuche praktisch in den Kopf des Autors zu kriechen und mir zu überlegen, wie er sich ausdrücken würde, wenn er deutsch denken könnte. „Sich mit dir selbst wohl fühlen" („stare bene con te stesso") wurde so zu „mit sich selbst im Reinen sein". Und das ist auch wichtig als Übersetzer, bevor man einen Text abgibt: Man sollte mit sich selbst und seiner Arbeit im Reinen sein. Das ist sehr schwierig, denn kaum einer stellt jedes Wort so auf den Prüfstand wie ein Übersetzer! Es hilft auf jeden Fall, wenn man in den Text verliebt ist, den man gerade übersetzt. Denn wie soll man sprachliche Schönheit vermitteln, wo man selbst keine sieht?

Herzlichen Dank für das aufschlussreiche Interview!

10. Hintergrundwissen für ein vertieftes Verständnis nutzen

a) Aber wenn daraus ein Geschäft entsteht – Interview mit Kamal Sido

Kamal Sido ist Nahostreferent der Gesellschaft für bedrohte Völker (GfbV), Göttingen. Die Fragen stellte Stephan Gora.

Herr Sido, Sie kennen die Verhältnisse im Nahen und Mittleren Osten wie kaum ein anderer. Vieles, was dort geschieht, vieles, was die Menschen dort denken, hoffen und befürchten, können wir uns in Deutschland kaum vorstellen. Warum haben in Afghanistan Taliban-Kämpfer Schulen geschlossen und die Lehrer vor den Augen ihrer Schüler erschossen?

Die Taliban-Kämpfer verüben seit Jahren gezielt Gewalttaten gegenüber der Zivilbevölkerung. Taten wie diese dienen der Einschüchterung.

Enaiatollah Akbari stellt sich in dem Bericht von seiner Flucht so vor: „Erstens bin ich ein Hazara, zweitens ein Schiit und drittens ein Muslim." (S. 50 f.) Welches Selbstverständnis verbirgt sich hinter dieser Selbstcharakterisierung? Welche Konfliktfelder ergeben sich daraus für einen jungen Menschen, der in Afghanistan seine Heimat hat?

Enaiatollah definiert sich zunächst über seine ethnische Zugehörigkeit, dann über seine Konfession und zuletzt über seine Religion. Natürlich wirkt diese Aufzählung ungewöhnlich, da er als Schiit automatisch ein Muslim ist. Aber gerade der konfessionelle Unterschied zu der sunnitischen Mehrheit in Afghanistan hat große Konsequenzen für den Jungen. Denn als ethnische und religiöse Minderheit werden die schiitischen Hazara immer wieder Opfer von schrecklichen Übergriffen durch sunnitische Extremisten.

Viele Menschen in Europa können die Lebens- und Denkweisen in Afghanistan, Pakistan und im Iran kaum voneinander unterscheiden. Was ändert sich für einen jungen Afghanen, wenn er nach Pakistan kommt?

Auch in Pakistan häufen sich seit mehreren Jahren die Übergriffe auf Angehörige der schiitischen Hazara-Minderheit. Neben anderen religiösen Minderheiten leiden sie unter Übergriffen sunnitischer Extremisten sowie unter der Diskriminierung durch die Behörden. Rund 95 Prozent der 190 Millionen Bewohner Pakistans sind Muslime, unter denen die Schiiten mit 25 Prozent eine Minderheit darstellen. Doch immerhin hat Pakistans Oberstes Gericht von der Regierung eine Langzeitstrategie für einen wirksamen Schutz der Minderheit gefordert. Es ist ein wichtiges Zeichen, dass führende Verfassungsorgane Pakistans nicht mehr mit Gleichgültigkeit auf die zunehmende Gewalt gegen die Minderheit reagieren.

Und wie ändert sich sein Umfeld, wenn derselbe Afghane in den Iran flüchtet? Und welche Probleme resultieren möglicherweise für ihn daraus?

Das Umfeld ändert sich kaum. In Afghanistan herrscht schon seit Jahrzehnten Krieg und Chaos, sodass im Laufe der vergangenen Jahre bereits viele schiitische Hazara in das Nachbarland geflohen sind. Die Hoffnung war dabei, dass der ebenfalls schiitische Iran sie mit offenen Armen empfangen würde. Leider hat sich dies nicht bewahrheitet. Im Iran würde den Jungen ebenfalls staatliche sowie gesellschaftliche Diskriminierung erwarten, diesmal weil er ein afghanischer Flüchtling ist.

Wo stand bisher, also bis zum Flüchtlingsabkommen 2016, die Türkei? Wie verhielt sie sich gegenüber den vielen Flüchtlingen aus dem Nahen und Mittleren Osten?

Die türkische Regierung instrumentalisiert die Flüchtlinge im geopolitischen Machtkampf im Nahen Osten gegenüber den Nachbarländern, aber auch gegenüber der EU. So werden z.B. die etwa zwei Millionen syrischen Flüchtlinge, die in der Türkei Zuflucht gefunden haben, nicht immer gerecht behandelt. Nur 10 % von diesen Menschen leben in Flüchtlingslagern. Der Rest ist ganz auf sich allein gestellt: Sie zahlen Mieten, d.h. sie verdienen ihren Unterhalt oft unter unmenschlichen Arbeitsbedingungen selber. Das gilt auch für Kinder, die zum Beispiel bis zu 14 Stunden am Tag vor allem im Textilbereich arbeiten.

Wenn man sich bei jemandem in der Türkei für die Aufnahme der Flüchtlinge bedanken will, gilt dieser Dank vor allem der Bevölkerung und nicht der Regierung von Recep Tayyip ErdoĐan.

Was hat sich durch dieses Flüchtlingsabkommen zwischen der EU und der Türkei Anfang 2016, was hat sich durch den vereitelten Staatsstreich im Juli 2016 für die Flüchtlinge verändert?

Es bleibt weiterhin, dass die Türkei die Flüchtlinge als Instrument nutzt. Viele Flüchtlinge werden auch einer islamistischen Propaganda durch die türkische Regierung ausgesetzt. Diese werden dann wieder nach Syrien geschickt, um zu kämpfen.

Wie beurteilen Sie als Fachmann für Flüchtlingsfragen eigentlich die Tätigkeit von Schleppern? Sind es für Sie eher habgierige Kriminelle, die die Migranten ausbeuten und in Lebensgefahr bringen, oder sind es eher Menschen, die davon leben, dass sie Verfolgten das Leben retten?

Wenn Sie dafür kein Geld verlangen würden, hätte ich vielleicht Verständnis dafür. Aber wenn daraus ein Geschäft entsteht, wird es zu einer Ausbeutung.

Meine letzte Frage zielt auf das Hier und Jetzt, auf den konkreten Umgang mit Flüchtlingen vor Ort: Was können Ehrenamtliche sinnvollerweise tun, wenn sie Migranten helfen wollen?

Ohne das ehrenamtliche Engagement vieler Menschen könnte beispielsweise auch die Arbeit der Gesellschaft für bedrohte Völker (GfbV) in Göttingen nicht funktionieren. Auch mir als Flüchtling wurde 1990 geholfen. Daher mein Appell an die neuen Flüchtlinge, die jetzt in Deutschland aufgenommen worden sind: „Es gibt hier viele Menschen, die helfen, man muss nur selbst offen sein und Hilfe annehmen, dann hat man sehr schnell Arbeit und ist keine Last mehr für die Gesellschaft."

Ich danke Ihnen für das Interview!

A 1 Formuliere Fragen, die sich dir nach der Lektüre des Interviews stellen. Welche Informationen fehlen dir noch, damit du die Situation der Flüchtlinge in ihrer Heimat objektiv beurteilen kannst?

A 2 Nimm Stellung zu den Antworten von Kamal Sido. Welchen Aussagen kannst du zustimmen, was kannst du nicht genau beurteilen, zu welchen Wertungen hast du eine andere Meinung?

b) Worauf sich Flüchtlinge aus aller Welt berufen können

Nach dem Zweiten Weltkrieg wurden die Menschen- und Grundrechte sowie das Asylrecht und die Behandlung von Flüchtlingen völkerrechtlich für die meisten Staaten der Welt – darunter auch die Bundesrepublik Deutschland – verbindlich geregelt. Drei zentrale Dokumente werden hier in Auszügen vorgestellt.

A 1 Lies die folgenden Texte aufmerksam und fülle die Lücken mit den Formulierungen aus dem Wortspeicher.

Aus der „Allgemeinen Erklärung der Menschenrechte" durch die UNO von 1948

(Art. 1) Alle ________________ sind frei und gleich an Würde und Rechten geboren. Sie sind mit Vernunft und Gewissen begabt und sollen einander im Geiste der ________________ begegnen.

(Art. 2) Jeder hat Anspruch auf alle in dieser Erklärung verkündeten Rechte und Freiheiten [...] Des Weiteren darf kein Unterschied gemacht werden auf Grund der politischen, rechtlichen oder internationalen Stellung des Landes oder Gebietes, dem eine Person angehört, [...].

(Art. 3) Jeder hat das Recht auf Leben, Freiheit und Sicherheit der Person.

(Art. 4) Niemand darf in ________________ oder Leibeigenschaft gehalten werden; Sklaverei und Sklavenhandel in allen ihren Formen sind verboten.

(Art. 5) Niemand darf der ________________ oder grausamer, unmenschlicher oder erniedrigender Behandlung oder Strafe unterworfen werden. [...]

(Art. 9) Niemand darf ________________ festgenommen, in Haft gehalten oder des Landes verwiesen werden. [...]

(Art. 13) Jeder hat das Recht, sich innerhalb eines Staates frei zu bewegen und seinen Aufenthaltsort frei zu wählen. Jeder hat das Recht, jedes ________________, einschließlich seines eigenen, zu verlassen und in sein Land zurückzukehren.

(Art. 14) Jeder hat das Recht, in anderen Ländern vor Verfolgung ________________ zu suchen und zu genießen.

Aus den Grundrechten der Bundesrepublik Deutschland von 1949 (und 1993)

(Art. 1) Die ________________ des Menschen ist unantastbar. Sie zu achten und zu schützen ist Verpflichtung aller staatlichen Gewalt. Das ________________ Volk bekennt sich darum zu unverletzlichen und unveräußerlichen ________________ als Grundlage jeder menschlichen Gemeinschaft, des Friedens und der Gerechtigkeit in der Welt. [...]

(Art. 2) Jeder hat das Recht auf die freie Entfaltung seiner ________________, soweit er nicht die Rechte anderer verletzt und nicht gegen die verfassungsmäßige Ordnung oder das Sittengesetz verstößt. Jeder hat das Recht auf Leben und körperliche Unversehrtheit. Die ________________ der Person ist unverletzlich. [...]

(Art. 3) Alle Menschen sind vor dem ________________ gleich. [...] Niemand darf wegen seines Geschlechtes, seiner Abstammung, seiner Rasse, seiner Sprache, seiner Heimat und ________________, seines Glaubens, seiner religiösen oder politischen Anschauungen ________________ oder bevorzugt werden. [...]

(Art. 4) Die Freiheit des ________________, des Gewissens und die Freiheit des religiösen und weltanschaulichen Bekenntnisses sind unverletzlich. Die ________________ Religionsausübung wird gewährleistet.

(Art. 16a) Politisch ________________ genießen Asylrecht. (Darauf) kann sich nicht berufen, wer aus einem Mitgliedstaat der Europäischen Gemeinschaften oder aus einem anderen ________________ einreist, in dem die [...] Konvention zum Schutze der Menschenrechte und Grundfreiheiten sichergestellt ist. [...] Durch Gesetz [...] können ______________ bestimmt werden, bei denen auf Grund der Rechtslage, der Rechtsanwendung und der allgemeinen politischen Verhältnisse gewährleistet erscheint, dass dort weder ______________ Verfolgung noch unmenschliche oder erniedrigende Bestrafung oder Behandlung stattfindet. Es wird vermutet, dass ein Ausländer aus einem solchen Staat nicht verfolgt wird, solange er nicht ______________ vorträgt, die die Annahme ______________, dass er entgegen dieser Vermutung politisch verfolgt wird.

Aus der Genfer Flüchtlingskonvention von 1954 / 1967 (gekürzt und sprachlich vereinfacht)

„Flüchtling" [...] ist jede Person, die sich [...] aus ______________ Furcht vor ______________ wegen ihrer Rasse, Religion, Staatszugehörigkeit, Zugehörigkeit zu einer bestimmten sozialen Gruppe oder wegen ihrer politischen Überzeugung außerhalb ihres ______________ befindet und dessen Schutz nicht beanspruchen kann oder wegen dieser Befürchtungen nicht beanspruchen will [...]. Jeder Flüchtling hat gegenüber dem Land, in dem er sich aufhält, ______________, zu denen insbesondere die Verpflichtung gehört, sich den Gesetzen und Verordnungen sowie den Maßnahmen zur Aufrechterhaltung der öffentlichen Ordnung zu unterziehen. [...] Die vertragsschließenden Staaten gewähren den auf ihrem Gebiet rechtmäßig sich aufhaltenden Flüchtlingen die gleiche ______________ und öffentliche Unterstützung wie den Einheimischen. [...] [Sie] weisen einen Flüchtling, der sich rechtmäßig auf ihrem Gebiet aufhält, nur aus Gründen der Staatssicherheit oder der öffentlichen Ordnung aus. [Sie] stellen jedem Flüchtling, der sich auf ihrem Gebiet aufhält und der kein gültiges Reisepapier besitzt, einen ______________ [sowie] ______________ aus, die ihnen Reisen außerhalb dieses Gebietes gestatten [...].

Wortspeicher: Asyl – begründen – begründeter – benachteiligt – Brüderlichkeit – Deutsche* – Drittstaat – Folter – Freiheit – Fürsorge – Gesetz – Glaubens – Herkunft – Heimatlandes – Identitätsausweis – Menschen – Menschenrechten – Land – Persönlichkeit – Pflichten – politische – Reiseausweise – Sklaverei – Staaten – Tatsachen – ungestörte – Verfolgte – Verfolgung – willkürlich – Würde

A 2 Fasse knapp zusammen, welche Rechte Enaiat in seiner Heimat und auf der Flucht nicht gewährt worden sind.

____

____

____

____

____

____

____

* wird als Adjektiv normalerweise kleingeschrieben, im Verfassungstext ausnahmsweise aber groß.

c) Der Schleier des Nichtwissens – ein Gedankenexperiment

Wer entscheidet eigentlich, was gerecht ist und was zu tun ist, damit wirklich alle in Menschenwürde leben dürfen? Die Menschen, die Fabio Gedas Roman gelesen haben? Unsere Politiker in Berlin? Die EU oder die UNO? Amnesty International oder die Gesellschaft für bedrohte Völker?

Das Problem ist, dass Menschen bei ihren Vorstellungen von Gerechtigkeit und Menschenwürde oft von ihrer eigenen Situation und ihren eigenen Interessen ausgehen, ohne sich die Lebensverhältnisse der Betroffenen wirklich vorstellen zu können. Wer in Wohlstand, Frieden, Demokratie und Rechtsstaatlichkeit lebt, weiß kaum, was Armut, Krieg, Diktatur und Willkür bedeuten und er wird anders denken und entscheiden als die unmittelbar Betroffenen: Menschen wie Enaiat, die ihre Flucht wohlbehalten überstanden haben; Menschen, die es noch nicht gewagt haben, sich aus menschenunwürdigen Verhältnissen zu befreien; Menschen, die gefoltert werden, willkürlich verhaftet sind oder in einem Lager bzw. einer „Aufnahmestelle" mit ungewisser Zukunft ausharren müssen.

Um dieses Problem zu lösen, lädt der Philosoph **John Rawls** (1921–2002) in seinem Werk „Eine Theorie der Gerechtigkeit" (1971) zu einem Gedankenexperiment ein, das er **„Schleier des Nichtwissens"** nennt: Alle sind aufgerufen, sich Gesetze auszudenken, ohne dabei aber selbst zu wissen, auf welcher Seite sie nach In-Kraft-Treten dieser Regelungen stehen werden. Wenn die Entscheider damit rechnen müssen, dass sie das schlimmste Los (z. B. Verfolgung, Flucht oder Armut) ziehen könnten, werden sie sich um eine möglichst gerechte Lösung bemühen.

Stell dir also vor, du sollst mit deinen Mitschülern verbindlich für alle Menschen dieser Welt entscheiden, wie auf faire Weise mit der weltweiten Migration umgegangen werden soll:

- Soll die Weltgemeinschaft allen Notleidenden bei Krieg, Bürgerkrieg oder Naturkatastrophen Hilfe leisten? Soll mehr Aufbau- und Entwicklungshilfe im Ausland geleistet werden?
- Sollen die Grenzen Europas für alle Migranten geöffnet werden? Wie viele Menschen sollen in welchem Land aufgenommen werden? Unter welchen Voraussetzungen soll ihnen Asyl gewährt werden? Auf welche Weise sollen sie in die Gesellschaft integriert werden?
- Sollen Diktatoren oder Kriegstreiber mit militärischen Mitteln oder mit Boykotten entmachtet werden? Sollen Schlepperbanden bekämpft werden?

Damit ihr eine für alle Menschen faire Lösung findet, wird über jeden von euch der „Schleier des Nichtwissens" gezogen. Rawls meint damit, dass ihr weder euer Alter noch euer Geschlecht, weder eure Herkunft noch eure Religionszugehörigkeit kennt; ihr wisst auch nicht, ob ihr reich, wohlhabend oder arm, gesund oder krank, Analphabet oder gebildet seid.

Du selbst könntest beispielsweise in Afghanistan leben und wie Enaiat den Wunsch haben, irgendwo ohne Ausbeutung und Angst vor Terror zu leben. Eine Mitschülerin könnte aus Deutschland auswandern müssen, weil unsere Heimat beispielsweise durch einen Reaktorunfall verseucht ist. Ein Mitschüler könnte aus religiösen oder ethnischen Gründen verfolgt werden und deshalb in Europa um Asyl bitten. Ein verletzter Freund könnte aus einem Bürgerkriegsland ausgeflogen werden müssen, um durch eine Notoperation zu überleben ...

A Finde – von der Annahme ausgehend, dass du eine dieser Personen sein könntest – eine Regelung, der alle Menschen – besonders diejenigen, die das schlimmste Los getroffen hat – zustimmen könnten. Formuliere deine Lösung in Form von etwa drei einfachen Forderungen.